D1985489

LIBRERIA TECNICA
CORDOBA 1354 - TEL. [illegible]
CAS[illegible] BA 981
TEL. 4216096 - TEL/FAX 4492750

arte y pensamiento

Colección
dirigida por
**ANDREA**
**GIUNTA**

arte y pensamiento

# NELLY RICHARD

# Fracturas de la memoria

## ARTE Y PENSAMIENTO CRÍTICO

siglo veintiuno editores

**Siglo veintiuno editores Argentina s.a.**
TUCUMÁN 1621 7° N (C1050AAG), BUENOS AIRES, REPÚBLICA ARGENTINA

**Siglo veintiuno editores, s.a. de c.v.**
CERRO DEL AGUA 248, DELEGACIÓN COYOACÁN, 04310, MÉXICO, D. F.

**Siglo veintiuno de España editores, s.a.**
C/MENÉNDEZ PIDAL, 3 BIS (28036) MADRID

Richard, Nelly
Fracturas de la memoria: Arte y pensamiento crítico - 1a ed. - Buenos Aires: Siglo XXI Editores Argentina, 2007.
216 p.; 21x14 cm. (Arte y pensamiento dirigida por Andrea Giunta)

ISBN 978-987-1220-78-6

1. Artes Visuales. 2. Filosofía del Arte. I. Título
CDD 701

Diseño: Estudio Lo Bianco

© 2007, Siglo XXI Editores Argentina S. A.

ISBN 978-987-1220-78-6

Impreso en Artes Gráficas Delsur
Alte. Solier 2450, Avellaneda,
en el mes de junio de 2007

Hecho el depósito que marca la ley 11.723
Impreso en Argentina – Made in Argentina

# Índice

# Presentación

La selección de textos contenida en este libro recorre un trayecto crítico que se inicia en 1987. En el campo de la cultura antidictatorial que se urdió durante el régimen militar de Augusto Pinochet en Chile, emergió —hacia fines de los años setenta— una escena de prácticas artísticas, críticas y literarias que se llamó Escena de Avanzada. La Escena de Avanzada, ubicada en los bordes más heterodoxos del bloque de oposición cultural a la dictadura chilena, se atrevió a conjugar la inspiración neovanguardista de la ruptura antiinstitucional con el materialismo crítico de un riguroso desmontaje de la economía política de los signos. Los primeros textos aquí incluidos giran en torno al corte, irruptivo y disruptivo, de esas prácticas experimentales que reconceptualizaron el nexo entre arte y política sin dejarse alinear por la épica del metasignificado (Pueblo, Memoria, Identidad, Resistencia, etc.) que guiaban las estéticas referenciales del arte denunciante y protestatario. Esos textos producidos bajo la dictadura buscaban leer lo reprimido-censurado por la violencia social y sus múltiples fuerzas de desestructuración del sentido, recurriendo a conceptos-metáforas sin estrictas filiaciones disciplinarias, que vagaban fuera de las localizaciones institucionales del saber con resguardo académico.

Luego vinieron los años de la transición que, en Chile, se caracterizaron por la ritualización del consenso político y el desate neoliberal de las fuerzas modernizadoras. El pacto entre redemocratización y neoliberalismo se expresó en el lenguaje instrumental de un acomodo político-comunicativo que usó la tecnificación de los medios para domesticar a las subjetividades lastimadas o rebeldes. Los textos escritos durante el período de la transición, sensibles a las latencias y estallidos de la memoria traumática que seguían marcando a las biografías en desarme de la postdictadura, se dieron por tarea rescatar lo no integrado a las consignas de moderación política y de integración al mercado que aplaudía el pragmatismo democrático de la reconciliación.

Otros dos textos, también incorporados a esta selección, se preguntan cómo potenciar la criticidad del arte mediante nuevos diagramas de la mirada —suficientemente inquisitivos y perturbadores— para alterar al universo plano de las imágenes que la visualidad mediática de la globalización capitalista condena velozmente a diluirse en la pura circulación. Y para contraponerse a los estereotipos de la identidad y la diferencia que recicla el mercado de la diversidad cultural.

Me motiva el deseo de pensar que, al menos en América Latina, es posible cruzar la reflexión estética sobre la problemática significante de los lenguajes artísticos con las urgencias de una sostenida crítica a la hegemonía neoliberal y con la apuesta de la imaginación a diseñar nuevas fuerzas de emancipación subjetiva. Son los zigzags de la crítica cultural y sus entremedios los que me hacen confiar en que pueden conjugarse el análisis sociopolítico de los conflictos y antagonismos de poder con las pasiones intelectuales que agitan el debate teórico y, también, con las vocaciones de estilo que obsesionan al arte y la escritura. Estas mezclas —no reconciliadas— entre lo social, lo político, lo ideológico, lo simbólico-cultural y lo estético permiten introducir en la lisa superficie de los datos verificables que persiguen los saberes de mercado (académicos y profesionales) toda la opacidad de los huecos y pliegues que siguen reteniendo, en nombre de la crítica, lo turbulento y lo insatisfecho del pensar.

Nelly Richard
Santiago de Chile, noviembre de 2006

# Lo crítico y lo político en el arte

# Márgenes e instituciones: la Escena de Avanzada[1]



La secuencia de obras sobre la cual reflexiona este libro, *Márgenes e instituciones: arte en Chile desde 1973*, pertenece al campo no oficial de la producción artística chilena que, gestada durante el régimen militar, se agrupó bajo la denominación de Escena de Avanzada. Quienes integraron esa escena reformularon, desde fines de los años setenta, mecánicas de producción creativa que cruzaron las fronteras entre los géneros (las artes visuales, la literatura, la poesía, el video y el cine, el texto crítico) y que ampliaron los soportes técnicos del arte a las dinámicas procesuales del cuerpo vivo y de la ciudad: el cuerpo, en el arte de la performance, actuó como un eje transemiótico de energías pulsionales que, en tiempos de censura, liberaba márgenes de subjetivación rebelde, mientras que las intervenciones urbanas buscaron ellas alterar fugazmente la sintaxis del orden ciudadano con su vibrante gesto de desacato al encuadre militarista que uniformaba las vidas cotidianas.

1. Texto de la conferencia leída en la Universidad de Sidney en abril de 1987, con motivo de la presentación del libro *Margins and Institutions; art in Chile since 1973*, Melbourne / Santiago, Art and Text / Francisco Zegers Editor, 1986.

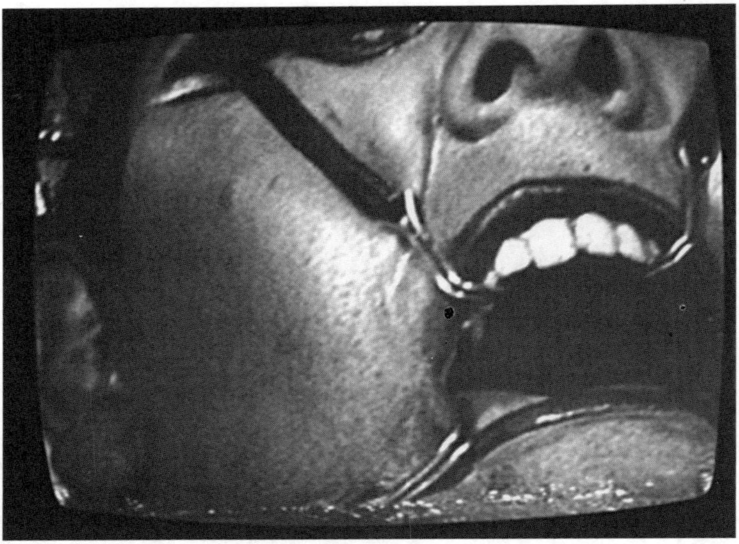

*Carlos Leppe, **Sala de Espera**, video-instalación, Galería Sur, Santiago de Chile, 1980.*

La Escena de Avanzada —hecha de arte, de poesía y literatura, de escrituras críticas—[2] se caracterizó por extremar su pregunta en torno a las condiciones límite de la práctica artística en el marco totalitario de una sociedad represiva; por apostar a la imaginación crítica como fuerza disruptora del orden administrado que vigilaba la censura; por reformular el nexo entre "arte" y "política" fuera de toda dependencia ilustrativa al repertorio ideológico de la izquierda, sin dejar, al mismo tiempo, de oponerse tajantemente al idealismo de lo estético como esfera desvinculada de lo social y exenta de responsabilidad crítica en la denuncia de los poderes establecidos.

Sin duda que la peculiaridad histórica de la Escena de Avanzada se debe a las circunstancias en las que formuló su

2. Surgida de las artes visuales (Carlos Leppe, Eugenio Dittborn, Catalina Parra, Carlos Altamirano, el grupo CADA, Lotty Rosenfeld, Juan Castillo, Juan Dávila, Víctor Hugo Codocedo, Elías Adasme, etcétera) y en interacción con las textualidades poéticas y literarias de Raúl Zurita y Diamela Eltit, la Escena de Avanzada armó una constelación de voces críticas de la que participaron filósofos y escritores como Ronald Kay, Adriana Valdés, Gonzalo Muñoz, Patricio Marchant, Rodrigo Canovas, Pablo Oyarzún y otros. El detalle de las operaciones artísticas y críticas de la Escena de Avanzada está registrado en *Margins and Institutions; art in Chile since 1973*.

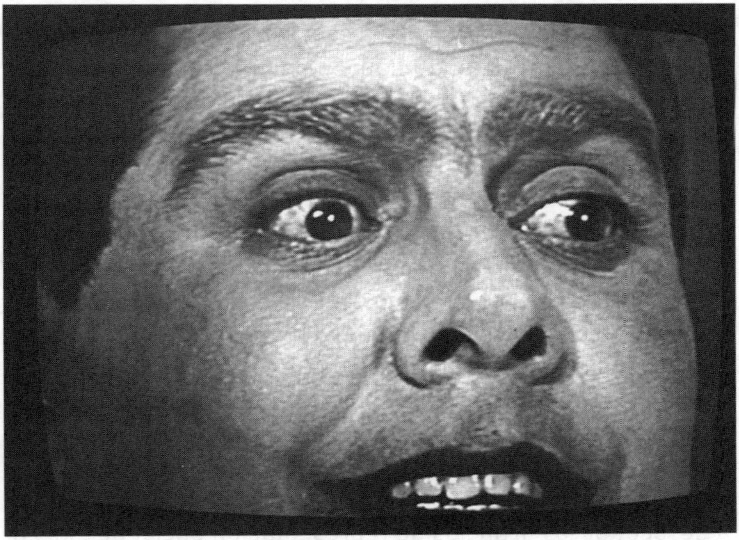

*Carlos Leppe,* ***Sala de Espera****, video-instalación, Galería Sur, Santiago de Chile, 1980.*

productividad crítica. Escena que emerge en plena zona de catástrofe cuando ha naufragado el sentido, debido no sólo al fracaso de un determinado proyecto histórico —el de la Unidad Popular—, sino al quiebre de todo el sistema de referencias sociales y culturales que, hasta 1973, garantizaba ciertas claves de entendimiento colectivo. Una vez desarticulada la historia y rota la organicidad social de su sujeto, todo deberá ser reinventado, comenzando por la textura intercomunicativa del lenguaje que, habiendo sobrevivido a la catástrofe, ya no sabe cómo nombrar los restos. La toma de poder que ocasionó la fractura del anterior marco de experiencias sociales y políticas de la Unidad Popular desintegró también sus pautas de significación y lenguaje, llevando lo histórico a una crisis total de reconocimiento e intelegibilidad. Una vez escindido el código de representación por las violentas fracturas que disociaron conciencia interpretante y materia de la experiencia, sólo quedaba formular enlaces hasta entonces desconocidos para recobrar el sentido residual de una nueva historicidad social ya irreconciliable con la Historia en mayúscula de los vencedores.

La Escena de Avanzada marca el surgimiento de prácticas del estallido en el campo minado del lenguaje y de la representación;

prácticas para las cuales sólo la construcción de lo fragmentario —y sus elipsis de una totalidad desunificada— logran dar cuenta del estado de dislocación en el que se encuentra la categoría de sujeto que estos fragmentos retratan ahora como una unidad devenida irreconstituible.

El quiebre de todos los pactos vigentes de legitimación simbólica y social causado por la dictadura hizo que lo que se daba anteriormente por seguro (convicciones y adhesiones al mito de la Historia) cayera bajo desconfianza. Ya no había cómo remediar la crisis de verosimilitud de las ficciones de coherencia y estabilidad que parecían sustentar las tradiciones sociales y culturales de la historia nacional. De ahí, entonces, la incansable actividad de reformulación de los signos llevada a cabo, dentro del arte, por la Escena de Avanzada y su manía de la sospecha que impulsaban a revisar cada maniobra de discurso: a desocultar los artificios de representación oficial puestos al servicio de las mentiras dictatoriales; a denunciar los ilusionismos de la tradición con los que el régimen militar citaba fraudulentamente al pasado para darle un origen a su impostura.

## Neovanguardia y postmodernismo

Una de las principales características de la Escena de Avanzada fue su voluntad de desestructurar los marcos de compartimentación de los géneros y las disciplinas con que el orden excluyente de la tradición canónica intenta recluir el trabajo creativo en el interior de estrechas fronteras de especialización artística y académica que lo desvinculan del campo de fuerzas y conflictos de la exterioridad social. La necesidad no sólo de mezclar técnicas y géneros sino de extender el formato circunscripto del arte hasta borrar, incluso, toda frontera de delimitación entre lo artístico y lo no artístico para culminar en la fusión utópica arte/vida (al estilo del grupo CADA)[3] expresaba, primero, una rebeldía contra el sistema de restricciones y prohibiciones con que el autoritarismo militar acotaba y vigilaba la circulación de los signos. El gesto de la Avanzada de desobedecer las asignaciones de formato

3. Véase "Una ponencia del CADA", *Ruptura* nº 1, Ediciones CADA, agosto de 1982, Santiago.

convencionales que fija la tradición artística y literaria (el cuadro para la pintura; el libro para la poesía o la narrativa) denunciaba figuradamente los abusos de autoridad con los que el régimen militar custodiaba las fronteras del Orden. Al transgredir los límites rígidos de la(s) disciplina(s), el arte metaforizaba el deseo de querer abolir las reglas aprisionadoras de la experiencia que clausuraban todos los horizontes de vida. La infracción de esta lógica concentracionaria de los espacios vigilados adoptó, en la Escena de Avanzada, la forma de relatos de extramuros cuyos imaginarios tránsfugas le dieron movilidad e itinerancia al concepto de *margen* que simbolizó su pasión del desenmarque.

Del formato-cuadro (la tradición pictórica) al soporte-paisaje (la materialidad viva del cuerpo social), la Avanzada puso en marcha un itinerario de desbordamiento de los límites de espacialización de la obra de arte que llegó a abarcar la ciudad y sus dinámicas espacio-temporales de recorridos urbanos.[4] Son varios los artistas de la Avanzada que postularon una espacialidad alternativa a los recintos de arte cercados por la institución, mediante un "arte-situación" que reprocesaba creativamente microterritorios de experiencias cotidianas. Se llamó "acciones de arte"[5] a esas obras cuyas estructuras operacionales se mantienen abiertas y cuyos materiales (aconteceres biográficos, transcursos comunitarios) permanecen inconclusos, garantizando así la *no finitud* del mensaje artístico para que el espectador intervenga en la obra y complete su plural de significaciones heterogéneas y diseminadas. Tal como ocurre ejemplarmente con el trabajo "Una milla de cruces sobre el pavimento" (1979) de Lotty Rosenfeld,[6] el arte de la Avanzada ofrecía sus signos al devenir colectivo de una participación múltiple e inacabada, recurriendo a la "temporalidad-acontecimiento" de obras que se proyectaban como ***realizaciones en curso***.

4. Los trabajos "Para no morir de hambre en el arte" (1979) y "¡Ay Sudamérica!" (1981) del grupo CADA son especialmente representativos de esta secuencia de intervenciones urbanas.
5. Esta noción fue puesta en circulación con motivo del primer trabajo del grupo CADA ("Para no morir de hambre en el arte") y de "Una milla de cruces sobre el pavimento", de Lotty Rosenfeld (1979). Véase Diamela Eltit, "Sobre las acciones de arte, un nuevo espacio crítico", ***Umbral***, 1980, Santiago.
6. Eugenia Brito, Diamela Eltit, Raúl Zurita, Gonzalo Muñoz y Nelly Richard, ***Desacato (sobre la obra de Lotty Rosenfeld)***, Santiago, Francisco Zegers Editor, 1986.

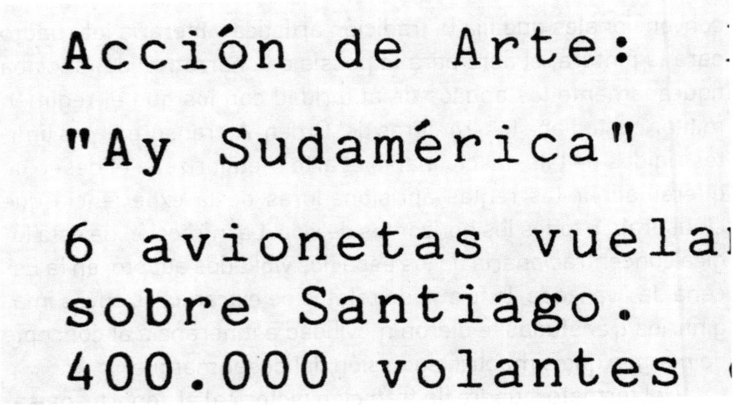
Acción de Arte:
"Ay Sudamérica"
6 avionetas vuela
sobre Santiago.
400.000 volantes

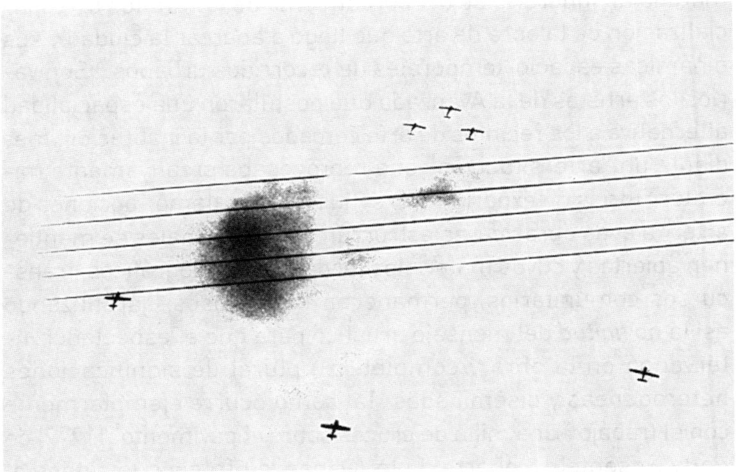

Además de la ciudad y de su territorio vigilado por diversas señaléticas represivas, el cuerpo —físicamente castigado por la violencia de la tortura y la desaparición— se convierte en el otro soporte que privilegia el arte de la Avanzada. Como frontera entre lo público y lo privado (entre el diseño histórico y las tramas biográficas; entre el molde social y las pulsiones subjetivas), el cuerpo define un límite estratégico que el autoritarismo había buscado traspasar para difundir miedos y censuras en las dimensiones más recónditas del cotidiano. El cuerpo como zona sacrificial de ritualización del dolor en la que el artista se autoinflinge una he-

## AY SUDAMERICA

CUANDO USTED CAMINA ATRAVESANDO ESTOS LUGARES Y MIRA EL CIELO Y BAJO EL LAS CUMBRES NEVADAS RECONOCE EN ESTE SITIO EL ESPACIO DE NUESTRAS VIDAS: EL COLOR PIEL MORENA, ESTATURA Y LENGUA, PENSAMIENTO.
Y ASI DISTRIBUIMOS NUESTRA ESTADIA Y NUESTROS DIVERSOS OFICIOS: SOMOS LO QUE SOMOS; HOMBRE DE LA CIUDAD Y DEL CAMPO, ANDINO EN LAS ALTURAS PERO SIEMPRE POBLANDO ESTOS PARAJES.
Y SIN EMBARGO DECIMOS, PROPONEMOS HOY, PENSARNOS EN OTRA PERSPECTIVA, NO SOLO COMO TECNICOS O CIENTIFICOS, NO SOLO COMO TRABAJADORES MANUALES, NO SOLO COMO ARTISTAS DEL CUADRO O DEL MONTAJE, NO SOLO COMO CINEASTAS, NO SOLAMENTE COMO LABRADORES DE LA TIERRA.

POR ESO HOY PROPONEMOS PARA CADA HOMBRE UN TRABAJO EN LA FELICIDAD, QUE POR OTRA PARTE ES LA UNICA GRAN ASPIRACION COLECTIVA/SU UNICO DESGARRO/UN TRABAJO EN LA FELICIDAD, ESO ES.
"NOSOTROS SOMOS ARTISTAS, PERO CADA HOMBRE QUE TRABAJA POR LA AMPLIACION, AUNQUE SEA MENTAL, DE SUS ESPACIOS DE VIDA ES UN ARTISTA."
LO QUE SIGNIFICA QUE DIGAMOS EL TRABAJO EN LA VIDA COMO UNICA FORMA CREATIVA Y QUE DIGAMOS, COMO ARTISTAS. NO A LA FICCION EN LA FICCION.

DECIMOS POR LO TANTO QUE EL TRABAJO DE AMPLIACION DE LOS NIVELES HABITUALES DE LA VIDA ES EL UNICO MONTAJE DE ARTE VALIDO/LA UNICA EXPOSICION/LA UNICA OBRA DE ARTE QUE VIVE.
NOSOTROS SOMOS ARTISTAS Y NOS SENTIMOS PARTICIPANDO DE LAS GRANDES ASPIRACIONES DE TODOS, PRESUMIENDO HOY CON AMOR SUDAMERICANO EL DESLIZARSE DE SUS OJOS SOBRE ESTAS LINEAS.
AY SUDAMERICA.
ASI CONJUNTAMENTE CONSTRUIMOS EL INICIO DE LA OBRA: UN RECONOCIMIENTO EN NUESTRAS MENTES; BORRANDO LOS OFICIOS: LA VIDA COMO UN ACTO CREATIVO...
ESE ES EL ARTE/LA OBRA/ESTE ES EL TRABAJO DE ARTE QUE NOS PROPONEMOS.

COLECTIVO ACCIONES DE ARTE
JULIO 1981 C.A.D.A.

*CADA (Colectivo Acciones de Arte),* ***¡Ay Sudamérica!****, acción de arte, Santiago de Chile, 1981.*

rida para solidarizar con lo históricamente mutilado a través de una misma cicatriz redentora (Raúl Zurita, Diamela Eltit), o bien el cuerpo como simulacro cosmético y parodia de identidades que se burla del binarismo sexual de las identificaciones de género

(Carlos Leppe, Juan Dávila), permitió que una gestualidad no codificada por el discurso público hiciera aflorar ciertos estratos de significación reprimida que accedieron así, performativamente, a una fluyente superficie de enunciación.

La constelación de obras de la Escena de Avanzada no sólo pretendió resimbolizar lo social fuera de las coordenadas

*Lotty Rosenfeld,* ***Una milla de cruces sobre el pavimento****, acción de arte, Santiago de Chile - Washington, 2003.*

represivas que lo encadenaban, sino, también, reintensificar el deseo individual y colectivo, abriendo líneas de fuga en los bloques de identidad y conducta normadas. La elección del cuerpo y de la ciudad como materiales artísticos desobedientes pretendió asignarles un valor de automodelaje crítico a zonas de la cotidianidad social que la dictadura había querido convertir en escenarios de autocensura y microrepresión.

El intenso trabajo de reconceptualización artística que llevó a cabo la Escena de Avanzada en su desmontaje retórico-discursivo de las ideologías culturales del poder usó procedimientos que parecían sacados del elenco de técnicas postmodernistas que trabajan con el recorte y el montaje, con el *collage*. Estas técnicas del fragmento y del ensamblaje comunes a los procesos de transferencia cultural y de las cadenas de traducción que caracterizan a la experiencia latinoamericana de una cultura periférica nos hablan de las discontinuidades de contexto entre el original metropolitano y sus reciclajes locales. Pero estos procedimientos —cortantes— de la cita usados por la Escena de Avanzada nos hablan también, y sobre todo, de la violencia de los desencajes entre arte y política que rodearon las fracturas de la representación. Si bien las obras de la Avanzada recurrieron al simulacro y la parodia como procedimientos deconstructivos que se asocian al discurso artístico de la postmodernidad internacional; si bien estas obras chilenas se mostraron rigurosamente expertas en trabajar sobre los artificios discursivos para exhibir su desconfianza hacia cualquier supuesto de inmediatez y transparencia de la realidad, así y todo, no hay nada en el arte de la Avanzada que pueda confundirse con las retóricas nihilistas del "fin de lo social" (Baudrillard) ni con las estéticas de la indiferencia y del desencanto que definen a un cierto postmodernismo que se autocomplace en el espectáculo vacío de su propia cultura de la imagen. Muy lejos de la ociosidad de esta espectacularización primermundista de la imagen-mercancía, la Escena de Avanzada —inscripta en el contexto de miseria y terror de un país bajo régimen militar— experimentó con los recursos de la crítica postmodernista sin nunca dejar de lado la intención de *repolitizar el arte*, es decir, de afilar el corte insurgente de formas y conceptos que buscaban socavar las representaciones sociales y culturales del discurso autoritario.

## Elipsis y metáforas: en torno a la censura

Las prácticas de la Avanzada surgieron, en el contexto militar chileno, bajo los efectos de administración de la censura y de su versión internalizada: la autocensura.[7] La asunción del lenguaje como zona de peligrosidad que obliga a sus operadores a la hipervigilancia de los códigos marcó la autorreflexividad de un arte que aprendió así a desplegar toda su sabiduría en materia de artificios y disimulos. La necesidad de despistar a la censura hizo que las obras de la Avanzada se volvieran expertas en travestimientos de lenguajes, en imágenes disfrazadas de elipsis y metáforas. Estas obras conjugaban, por un lado, el rigor operatorio de sus réplicas contrainstitucionales a las prohibiciones de la censura con el sobregiro retórico de los dobleces del sentido que concertaban, por otro, oblicuamente sus poéticas de la ambigüedad.

7. Sobre cultura y autoritarismo, censura y literatura, silenciamiento y creatividad, véase Adriana Valdés, "Escritura y silenciamiento" en revista *Mensaje* nº 276, enero/febrero de 1979, Santiago; Rodrigo Canovas, "Lectura de *Purgatorio*" en revista *Hueso Húmero* nº 10, 1981, Lima; Raúl Zurita, *Literatura, lenguaje y sociedad*, Santiago, Ediciones Ceneca, 1983; Bernardo Subercaseaux, *Notas sobre autoritarismo y lectura*, Santiago, Ediciones Ceneca, 1984.

La dimensión de la autocensura marcó tanto la superficie de los mensajes (lo callado) como lo más hondo del lenguaje (lo reprimido en sus trasfondos de conciencia). Producto de los silenciamientos autogenerados en la cadena enunciativa, lo *"no dicho"* (lo suprimido, lo faltante) operaba clandestinamente como un polo de imantación de la lectura que incorporaba a su trabajo subyacente de recolección del sentido las señas de lo escondido, para luego activar su potencialidad disidente siguiendo los ejes de contralectura oficial que las soleras compartían con sus receptores cómplices.

Pero el arte de la Avanzada no sólo tuvo que luchar contra la censura y vencer a la autocensura. Debió, además, burlar las maniobras de acomodamiento oficial que buscaban controlar el sentido de las obras una vez que éstas habían logrado franquear las barreras y limitaciones que acondicionaban su salida a lo público. Recordemos que la voluntad de contestación de los artistas de la Avanzada nunca fue anarquizante: no descansaba en la espontaneidad expresiva de una marginalidad simplemente testimonial en su oposición al sistema. La respuesta contraoficial de las obras de la Avanzada a la autoridad del régimen militar buscaba hacerse presente en los lugares mismos que vigilaba esa autoridad: por ejemplo, tratándose de arte, en el Museo Nacional de Bellas Artes.[8] Sin duda que la decisión de trabajar contra las reglas de la institución, pero desde dentro de su regulado campo de visibilidad pública —es decir, compareciendo bajo los parámetros oficiales de la cultura institucional—, conllevaba el riesgo de que las obras fueran manipuladas o tergiversadas por el dispositivo de control dominante. Este peligro requirió diseñar estrategias refractarias a la voluntad de acomodación y recuperación oficiales generando, por ejemplo, en el interior de las obras, torsiones de significado que resultaran virtualmente intraducibles, inasimilables, al sistema de comprensión del poder. El doble desafío que enfrentó la Avanzada consistió en superar el corte mutilante de la censura y de la autocensura, y, además, en contrariar los efectos

8. Por ejemplo, la video-instalación "Traspaso cordillerano", de Diamela Eltit y Lotty Rosenfeld, fue exhibida en un sitio de honor en el Museo Nacional de Bellas Artes, al haber sido premiada por el Jurado del Concurso de la Colocadora Nacional de Valores (1981), en tiempos de plena censura oficial.

tergiversadores de las lecturas oficiales que buscaban neutralizar su ofensiva crítica,[9] sin perjudicar al mismo tiempo la pluridimensionalidad significante del efecto artístico que no debía verse recortado.

La cantidad de relevos y sustitutos por los cuales los artistas de la Avanzada debieron hacer pasar la comunicación en período de censura llevaba cada mensaje a múltiples estratificaciones del sentido. Cada signo —desdoblable y reversible— contenía una serie oculta de presuposiciones de lecturas que complicaban deliberadamente su trámite de consumación, ya que un cierto lapso de no desciframiento debía resultar suficientemente equívoco y dispersivo para burlar la traducción oficial. Por eso, la abundancia de recursos alusivos y elusivos que generan ambigüedad en el interior de las obras, enredando y confundiendo las pistas de lectura con sus oscilaciones del sentido; por eso, la insistencia en la metáfora como recurso privilegiado que dilata el plazo comunicativo y crea zonas de opacidad y flotamiento referenciales; por eso, la intención de que el "mensaje" de la obra permaneciera vago e incluso errático para lograr así escapar de los dispositivos oficiales de aprisionamiento de los contenidos.

La hipercodificación de los enunciados según claves disfrazadas que necesitaban de una arqueología compleja en sus rastreos y excavaciones para desenterrar las significaciones prohibidas les valió a los textos y las obras de la Avanzada la calificación de obras y textos herméticos, crípticos. Las exigencias de desciframiento de esos resquicios de sentido que dividían la obra entre lenguaje y censura relegaron la Escena de Avanzada a un espacio de sociocomunicación más bien minoritario. Esta marginalización de la Avanzada reducida a subcircuitos de recepción cultural, si bien disminuyó el impacto social de sus manifestaciones, puso al mismo tiempo sus obras y sus textos relativamente a salvo de la censura oficial que veía mayor peligro en las de alcance masivo (el teatro, el folclore, etc.)

9. Como un modo de ponerse al día con la contemporaneidad internacional, a la crítica oficial del diario *El Mercurio* le gustaba celebrar "el radical cambio de rumbo en la historia de las artes plásticas chilenas" que señalaba "la vanguardia chilena" a través de la incorporación de la fotografía y de las nuevas tecnologías del video, dejando por supuesto de lado la crítica social de la que las obras de la Avanzada eran portadoras. (Waldemar Sommer, *El Mercurio*, noviembre de 1978).

que, en esos años, agrupaban las sensibilidades contestatarias sobre la base de un consenso ideológico-popular de lo nacional.

A partir de los años ochenta, la Avanzada comienza a hacerse presente en el circuito internacional, debido a circunstancias más bien azarosas.[10] El referente sublocal de la Avanzada se topó con las expectativas de un circuito de recepción metropolitana que esperaba de estas obras nacidas bajo la dictadura que manifestaran el dramatismo de su situación con transparencia referencial. Ese circuito de recepción internacional les pedía eliminar las señas de opacidad que, a modo de protección y defensa, habían ido condensando en su interior, como si estas señas de la censura —consideradas ya superfluas en los museos internacionales— perjudicaran la traducción de una lectura más universal. El pedido museográfico de documentalidad y testimonialidad que el circuito metropolitano les dirigía a estas obras chilenas nacidas bajo censura y represión quería de hecho obligar al arte de la contradictadura a un mensaje denotativo que reflejara la violencia del síntoma histórico. Ese pedido metropolitano que agota su curiosidad informativa en la transparencia documental y testimonial de las obras ejerció sobre la Avanzada la nueva censura de que su demanda sociopolítica de "contenidos" opacara la problemática discursiva de las "formas". Esta demanda de referencialidad directa formulada por el circuito de arte metropolitano quería borrar precisamente aquella dimensión de las obras que era lingüísticamente constitutiva: la del juego y la torsión con los signos que esas obras habían ideado no sólo como recurso de sobrevivencia contra la censura y la represión del autoritarismo militar, sino, además, y más complejamente, como una táctica de resistencia crítica que se oponía a toda hegemonía del significado. En efecto, la oblicuidad metafórica de las obras de la Avanzada también sirvió para frustrar un cierto reduccionismo ideológico de la cultura militante que quería traducir y reducir el arte al realismo social de la contingencia, haciendo calzar las obras —temáticamente— con los significados predeterminados del repertorio de la izquierda tradicional.

10. Así ocurrió con motivo de la presentación no oficial de Chile en la Bienal de París (1980) y en la Bienal de Sidney (1982) para las que me vi invitada a actuar —improvisadamente— de "curadora" de la selección chilena.

Las obras de la Avanzada vivieron doblemente el riesgo y la incomodidad: el riesgo de ser capturadas por el aparato represivo de significación oficial del autoritarismo y, a la vez, la incomodidad de tener que resistirse a las directrices ideológicas de la cultura partidaria que le exigía al arte subordinarse a los temas de la denuncia antidictatorial y la recuperación democrática. Son obras que combatieron los dos operativos de ***totalización del sentido*** que se realizaban bajo marcas políticamente contrarias (las del poder oficial, las de la izquierda ortodoxa), realzando para ello el valor de equivocidad y multivocidad del significante estético que desvía los contenidos linealmente programados.

## Continuidad histórica y estallidos sintáctico-narrativos

La cantidad de fracturas producidas en el Chile postgolpe afectó no sólo el cuerpo social y su textura comunitaria, sino las representaciones de la historia aún disponibles para un sujeto quebrantado en su memoria y su identidad nacionales. Ya no quedaba historia ni concepción de una historicidad trascendente que no estuvieran enteramente socavadas por la revelación del engaño o del fracaso. Ni la cruel historia oficial de los dominadores ni la dolorosa historia contraoficial de los dominados (una historia construida —éticamente— como reverso, pero igualmente lineal en su simetría invertida) eran ya capaces de orientar el sujeto cultural hacia una finalidad y coherencia de sentido y de interpretación. La Escena de Avanzada surge en la brecha de dolor e insatisfacción dejada entre estas dos historias que se disputaban un presente fracturado: entre la oficialidad represora de la historia dominante, por un lado, y, por otro, la historia en negativo de sus víctimas cuyo relato nacional-popular exhibía una monumentalidad de la resistencia que ocultaba las fisuras del sentido. Es esta brecha la que marca la singular posición de descalce que ocupó la Avanzada en el campo de recomposición sociocultural chileno. Por supuesto, el arte de la Avanzada se situó en franca contraposición al régimen militar pero, a la vez, se ubicaba en una marginalidad polémica respecto de las organizaciones militantes de la cultura opositora. Heterodoxo en sus desmontajes de signos, el arte de la Avanzada no les resultó funcional a los bloques de recomposición democrática que armaban el circuito antidictatorial de las coordinadoras culturales, de las agrupaciones partidarias y de aquellos centros de estudios alternativos que, a partir de los ochenta, elaboraron sus diagnósticos sobre cultura y autoritarismo.

Las ya difíciles relaciones entre la Escena de Avanzada y los circuitos de institucionalidad política de la izquierda chilena se complicaron aún más con la vuelta de los artistas y escritores del exilio que, a partir de 1983, llegaron a integrarse al proceso de lucha cultural por la redemocratización del país. Con motivo de esta lucha, se formulan, durante el año 1983, varios llamados artístico-culturales solidarios con las protestas nacionales cuyos títulos —*Ahora Chile*, *Contingencia*, etc.— expresaban el deseo de que el arte se vinculara más directamente a la militancia ciudadana. Esos llamados exacerbaron la tensión entre, por un lado, el énfasis *crítico-experimental* de las obras de la Avanzada que no querían abandonar el corte deconstructivo de su análisis de los signos y, por otro, el arte del compromiso político y de la protesta social, que requería un lenguaje denunciante-testimonial. El llamado "contenidista" de la cultura opositora para que el arte social hiciera más explícita su adhesión temática a las luchas populares terminó de encerrar las preocupaciones de la Avanzada en el minoritario paréntesis de lo experimental.

A diferencia de cómo el arte del exilio declamaba su pertenencia a una historia concebida —en nombre de la memoria y la Identidad— como plenitud y trascendencia de sentido, las obras más críticas de la Avanzada trabajaron siempre con una temporalidad retóricamente desprovista de toda heroicidad; una temporalidad histórica basada en las figuras trizadas de un relato lleno de vacíos que, por lo mismo, se había vuelto casi inenarrable. El encuentro entre el arte que vuelve del exilio (José Balmes, Gracia Barrios, etc.) y el arte de la Avanzada hizo que se toparan dos concepciones de lo histórico: por un lado, la de la Historia como *continuum* de sentido y linealidad de discurso orientada hacia la culminación de una verdad última (la del recuerdo emblemático de un pasado cortado que aspira a reintegrarse a una continuidad) y, por otro, la concepción multilineal de una temporalidad desintegrada cuyo sujeto —en crisis de fundamento y representación— trataba de rearticular el sentido como pérdida y falla de la totalidad, como diseminación plural de significados escindidos.

Si la Escena de Avanzada apostó a la estructura móvil —dinámica y antiacumulativa— del "arte-situación", en contra de lo que simbolizaba el cuadro en la tradición de la pintura (la inmutabilidad frente al tiempo solemne de las colecciones de museo), fue precisamente para que esta aventura de la contingencia testimoniara el estallido de una temporalidad rota que ya no se avenía con el humanismo trascendente refugiado en la gloria histórica del monumento. El "arte-situación" de la Avanzada quiso hacer estallar, a través del cuerpo y de la ciudad, el despliegue —antihistoricista— de lo efímero como *política y poética del acontecimiento*.

# Destrucción, reconstrucción y deconstrucción[1]

Durante el período del gobierno militar, Chile se escinde en dos campos de discursos que se ubican, con signo invertido, en torno a la fractura. El polo victimario disfraza su toma de poder de corte fundacional y hace de la violencia (bruta e institucional) un instrumento de fanatización del Orden que opera como molde disciplinario de una verdad obligada. El polo victimado aprende —traumáticamente— a disputarle sentidos al habla oficial, hasta lograr rearticular las voces disidentes en microcircuitos alternativos que impugnan el formato reglamentario de una significación única.

La dramatización histórica y política del corte de la dictadura reforzó la polarización ideológica del campo cultural; un campo severamente regido por la división ético-política entre *oficialidad* (la integración al lenguaje de "modernización represión" [J. J. Brunner] del gobierno militar) y *no oficialidad* (la lucha contra el paradigma dictatorial). La extremación del corte divisorio entre estos dos campos incomunicados entre

1. Este texto corresponde a un capítulo revisado de *La insubordinación de los signos; cambio político, transformaciones culturales y poéticas de la crisis*, Santiago, Cuarto Propio, 1994.

sí durante el período militar forzó la imagen de cada uno de ellos hacia apariencias de coherencia interna que ocultan múltiples desniveles e irregularidades en su composición. La imagen de la cultura contestataria padeció el reduccionismo de una visión uniformante, cautiva ella misma del dualismo impuesto por una polaridad negativa (la dictadura) que sobredeterminaba rígidamente todos los juegos de antagonismos y contradicciones con su única clave de enfrentamiento.

Pese a que, muchas veces, los conflictos solían ser "más intensos al interior del campo no oficial que entre éste y el oficial",[2] prevaleció la tendencia del análisis cultural a sobreproteger la convergencia política de las fuerzas de oposición que se juntaban en el campo antidictatorial y a subestimar las divergencias crítico-discursivas que enfrentaban sus prácticas internas. Es cierto que sobraban razones para minimizar el alcance de estos enfrentamientos de discursos. Explicitar cualquier conflicto interno al campo de oposición a la dictadura amenazaba con disgregar lo tan arduamente congregado en torno al llamado antidictatorial; con fragmentar una territorialidad de voces ya dislocada por la violencia ejercida en contra de la identidad nacional; con debilitar una trama solidaria que la adversidad del contexto político había fragilizado en extremo. Sin embargo, las divergencias estéticas y culturales que se manifestaron en el interior del campo opositor a la dictadura ponen de realce ciertas controversias de sentido que agudizan, con inédito vigor, las tensiones entre arte, crítica e ideología. Revisar hoy los desacuerdos de voces y las contraposiciones de posturas ayer silenciados o postergados sirve para darle un trasfondo de mayor contrastación reflexiva al análisis de las transformaciones sociales, artísticas y culturales que se gestaron durante la década pasada.

## Cultura e izquierda(s)

El golpe militar se presentó como "un gran acto ordenador", fraudulentamente asociado "a las seguridades básicas del individuo y a sus concepciones de pureza y polución, de clasificación e

2. José Joaquín Brunner, Alicia Barrios y Carlos Catalán, *Chile: transformaciones culturales y modernidad*, Santiago, FLACSO, 1989, p. 178.

identidad, de pecado y perdón, de culpa y vergüenza, de dominio y producción, de lo permitido y el tabú".[3] Una primera base axiomática del discurso del poder autoritario-totalitario consiste en la absolutización del Orden como principio clasificatorio de discursos e identidades. Es la rigidez dicotómica de la separación entre lo superior y lo inferior, lo exterior y lo interior, lo claro y lo oscuro, lo puro y lo contaminado, etc., la que estructura categorialmente el simbolismo mítico-político que inspira los discursos fundacionales. Poner orden, llamar al orden son las consignas rutinarias mediante las cuales un régimen de fuerza (bruta e institucional) finge apelar a una racionalidad constructiva para disfrazar mejor la arbitrariedad de sus cortes de violencia destructiva. Esta apelación totalitaria reitera, en cada fórmula de encuadramiento, su papel de guardián de un repertorio fijo de valores inalterables que deben ser protegidos contra la amenaza del desorden, fantasmado como caos, mediante ritos purificatorios, descontaminantes, que expulsen lo "otro" (lo disímil) fuera del universo semántico regido homogéneamente por la ecuación Orden = Pureza.

Durante el régimen militar, la reiteración maníaco-obsesiva del llamado al Orden persiguió a *la política* (acción) y a *lo político* (discurso) como sospechosas manifestaciones de desorden que subvertían el encuadre normativo de las verdades autofundadas como únicas y definitivas, cerradas sobre sí mismas por una cadena doctrinaria de inexpugnabilidad del sentido.

La persecución y censura de la política y lo político, durante los primeros años del gobierno militar, llevaron a los circuitos artísticos y culturales a desempeñarse como medios sustitutivos de evocación-invocación de las voces silenciadas. Progresivamente, y a medida que el enmarque represivo se iba soltando, es decir, a medida que se iban abriendo en el interior del discurso oficial fisuras aprovechables para que la oposición ganara una cierta movilidad táctica, la cultura contestataria pasó de la semiclandestinidad de sus primeras redes de organización social a circuitos de mayor visibilidad pública. La recomposición sociocultural de esos microcircuitos, dotados de una eficacia situacional cada vez mayor, fue marcando el tránsito de la "cultura contestataria" a la "cultura alternativa". Ese tránsito señaló el

3. José Joaquín Brunner, *Un espejo trizado*, Santiago, FLACSO, 1988, p. 89.

paso de una primera forma de cultura concebida como mera prolongación de la derrota (como rito de supervivencia política en torno a la reafirmación de lo negado) a una segunda cultura ya capaz de delimitar la especificidad de campos más autónomos y diferenciados de lenguajes. Sin embargo, pese a ese tránsito hacia la autonomización de la cultura y su diferenciación como serie, el temario ideológico de la izquierda tradicional siguió privilegiando aquellos mensajes más directos que le servían eficazmente de propaganda en la lucha por la recuperación democrática.

Las profundas convulsiones políticas desatadas por el quiebre dictatorial, y también la configuración de nuevos escenarios sociales que acusaban la desintegración de los antiguos esquemas de representación ideológica y concepción partidaria, enfrentaron a la izquierda chilena de los años de la dictadura a una crisis de envergadura: crisis histórico-política y teórico-programática, acentuada —en lo internacional— por la revisión crítica del marxismo histórico y por el fracaso de los "socialismos reales". Las posiciones adoptadas por la izquierda chilena frente a los desafíos de la crisis y sus exigencias de replanteamiento teórico y político fueron asumiendo "la bifurcación de la matriz dominante de la izquierda chilena" hacia una primera tendencia marcada por "el componente clásico marxista-leninista de la izquierda" y una segunda tendencia influenciada por "el componente de la renovación socialista".[4] Esta división entre, por un lado, una izquierda clásica o tradicional "que se manifiesta, principalmente, a través del Partido Comunista y, secundariamente, a través de un sector del Partido Socialista y del MIR", y, por otro, una izquierda renovada "que se expresa en amplios sectores del Partido Socialista y de los partidos escindidos de la Democracia Cristiana (Mapu, Izquierda Cristiana y Mapu OC)",[5] identifica dos líneas de conducta sociopolítica y, también, dos estilos separados de reflexión artístico-cultural.

Desde ya, la "cultura" no posee la misma valencia categorial para ambas izquierdas. Mientras que la izquierda tradicional sigue pensando la relación entre cultura y política en términos de subordinación instrumental (la cultura como un "frente

4. Manuel Antonio Garretón, *El proceso chileno*, Santiago, FLACSO, 1983, p. 188.



5. *Ibid*.

de lucha" puesto al servicio de las correlaciones de fuerzas que definen la coyuntura del avance ideológico), la izquierda renovada critica el reduccionismo —economicista y politicista— de esta visión de la izquierda tradicional para proyectar, a cambio, una visión más compleja de la cultura concebida como el espacio "de las mediaciones, de la pugna en torno a los sentidos, de la constitución de las identidades, de la circulación de conocimientos, de la modelación de las percepciones, en fin, de la construcción social de la realidad".[6] Mientras que la izquierda tradicional sigue alzando a la clase obrera como único portavoz de la Verdad revolucionaria y a lo "nacional-popular" como símbolo antiimperialista de lo latinoamericano, la nueva izquierda articula su proyecto de renovación socialista bajo la conducción intelectual de las ciencias sociales, que critican el ideologismo marxista-leninista citando (al menos en el caso de J. J. Brunner) a varios autores de la contemporaneidad teórica internacional: Gramsci, Williams, Foucault, Bourdieu, etc. Mientras que la izquierda tradicional recurre a la masividad de las organizaciones culturales de base, los intelectuales de la Renovación Socialista ocupan el formato técnico de la investigación científico-social para publicar sus análisis teórico-políticos como materiales de discusión para la academia internacional.

La figuración más emblemática de la cultura opositora estuvo diseñada, bajo la dictadura, por los reagrupamientos partidarios de la izquierda tradicional: desde las primeras coordinadoras culturales hasta los actos de apoyo a la lucha por la democracia, pasando por las agrupaciones de artistas y escritores que movilizaban la adhesión popular. Los temas que guiaban sus manifestaciones debían simbolizar la fuerza conjugada de la energía protestataria y de la convicción militante. La izquierda del "frente cultural opositor" privilegió aquellas manifestaciones ritualizadoras de un "nosotros" arraigado en tradiciones comunitarias que conmemoraban el pasado con actos-símbolos como el festival o el homenaje, destinados al rescate de la memoria histórica y la reconstitución de los nexos de socialidad de una comunidad ansiosa de compartir con el Chile sacrificial el *ethos* de su cultura mártir. Si bien muchas de esas manifestaciones entraron en crisis tanto por el agotamiento de sus formatos

6. Brunner, *op. cit.*, p. 395.

expresivos como por el debilitamiento de los marcos orgánico-partidarios a medida que iban pasando los años de la dictadura, no por eso la izquierda tradicional dejó de seguir favoreciendo un tipo de cultura "nacional en sus raíces" y "popular en sus contenidos":[7] una cultura propia de aquella "tradición latinoamericana que tiende a identificar 'izquierda' con 'popular'".[8]

## Rupturas y deconstrucción

Para la sensibilidad ideológico-cultural de la cultura militante, el arte debía levantar un testimonio de rechazo y denuncia: es decir, debía cumplir la función protestataria y concientizadora de una narración de urgencia cuyo sujeto hablaba, vivencialmente, desde zonas de exclusión y represión sociales que se consideraban depositarias de la verdad ético-simbólica del desgarro comunitario.

En 1977, emerge el corte neovanguardista de la Escena de Avanzada que agrupa a artistas, escritores, críticos y filósofos en torno a intensas rupturas de lenguajes cuyo acento *paródico* y *deconstructivo* chocaba fuertemente con el tono *emotivo referencial* de la cultura militante. La Escena de Avanzada irrumpe en el medio cultural chileno de los años de la dictadura con rasgos que la vuelven "inédita por su rigurosidad, su nivel crítico y la multiplicidad de sus operaciones de lenguaje, así como por su radical desmontaje de las nociones institucionales de la representación", llegando a configurarse, según Gonzalo Muñoz, en "un momento de lucidez privilegiado que devuelve al arte en Chile un lugar protagonista como operador autónomo de lenguajes y como foco de producción de nuevas articulaciones de pensamiento".[9]

Las obras de la Escena de Avanzada militaban en contra del sistema represivo de la dictadura desde el materialismo crítico de la imagen y la palabra como zonas de fracturas simbólicas de los códigos oficiales. Mientras el arte solidario de la

7. Brunner, *op. cit.*, p. 331.
8. Bernardo Subercaseaux, *Sobre cultura popular*, CENECA, Santiago, 1985, p. 7
9. Gonzalo Muñoz, "El gesto del otro", catálogo de la muestra *Cirugía plástica*, Berlín, NGBK, 1989, p. 22.

cultura de izquierda era recibido por lecturas humanistas-trascendentes que compartían su misma fe en las gestas heroicas de recuperación del pasado, la Escena de Avanzada retorcía alfabetos para comunicar su sospecha de las verdades absolutas y los dogmas ideológicos. Las rupturas antilineales practicadas por la Escena de Avanzada sacudieron la continuidad de símbolos que defendía la izquierda tradicional; una izquierda deseosa de reenlazar políticamente el futuro a construir con el pasado destruido, tal como ocurre después de 1983 con "el retorno de grandes figuras del exilio (que) parecía insertarse casi naturalmente en los trámites de rearticulación y de redefinición de alianzas de las cúpulas opositoras al régimen, aportando a éstas unos rostros necesarios para la configuración visible de un frente cultural".[10]

El estremecimiento de toda la estructura de representación colectiva archivada en memoria y pasado, ritualizada en símbolos, subjetivada en creencias e imaginarios, que desató el quiebre de 1973 no podía sino provocar sentimientos de despojo. La violencia expropiativa del nuevo régimen de fuerza hizo que muchos artistas e intelectuales sintieran que su primer imperativo moral debía ser el de reconstituir el sentido caído a pedazos (parchando historias, reconfigurando totalidades), para remediar así los brutales efectos de despedazamiento de la identidad nacional. Por eso la izquierda tradicional se afirma en las místicas solidarias de un "nosotros" reunificador de vivencias; en la restauración de la tradición mediante imágenes del pasado que van forjando lazos de pertenencia y arraigo comunitarios; en la remitificación de lo "nacional popular" como categoría esencializadora de una conciencia homogénea de clase y nación, etcétera.

Mientras que la cultura de la izquierda tradicional buscaba reasignarle una unidad al desenlace redentor de una historia de luchas contra la dictadura, la Escena de Avanzada jugó antihistoricistamente a que los signos de la disidencia estallaran en la "trinchera de la discontinuidad, del pedazo, de la acción relámpago".[11] En lugar de suturar los cortes, de

10. "Arte en Chile de veinte, treinta años", en Pablo Oyarzún, ***Arte, visualidad e historia***, Santiago, Editorial La Blanca Montaña, 2000, p. 234.

11. Martín Hopenhayn, "¿Qué tienen contra los sociólogos?", en ***Arte en Chile desde 1973; Escena de Avanzada y sociedad***, Documento FLACSO, nº 46, enero de 1987, Santiago.

refacccionar versiones de continuidad y totalidad, las obras de la Avanzada eligieron trabajar "historias nunca terminadas" mediante "una acumulación de fragmentos que, alejados de sus relatos, se interconectan en posibles abiertos, o que niegan su posibilidad de discursos",[12] en defensa de una memoria entrecortada y discontinua que no pretende ocultar sus baches de sentido.

El sujeto postulado por las nuevas estéticas de la Avanzada ya no coincidía con la identidad profunda y verdadera de la moral humanista que aún confiaba en la integridad del ser como fundamento pleno y coherente de representación del mundo. El sujeto del arte y de la literatura de la Avanzada era ese "no sujeto, el sujeto en crisis, deconstruido, fragmentado en múltiples pulsiones";[13] un sujeto de la rotura que sintomatizaba el fracaso de los grandes delineamientos ideológicos de la identidad colectiva. Las expresiones disminuidas de la identidad frágil, temblorosa, que vagaban en las obras de la Avanzada no calzaban con el Sujeto de la Resistencia, trofeo del ideario progresista que la cultura solidaria erigía en garante de una moral histórica de la trascendencia. La Escena de Avanzada planteó un sujeto contraépico, dividido por una multiplicidad esquizoide de fracciones de subjetividad abiertas al vértigo de las desconexiones; un sujeto extraviado en los laberintos de un yo que "se busca en continuos reflejos, en repetidos ecos, a través de distintas máscaras", entregado a "la gran movilidad y el constante equívoco del juego de espejos, escenarios, maquillajes, disfraces" y cuyos escritos "integran la violencia cotidiana al discurso mismo donde no es sólo explícita mención, sino que puede percibirse en quiebres, roturas sintácticas, ambigüedades fonéticas, juegos semánticos, desplazamientos de significados: decir rudo de una voz que se pronuncia sin acatar órdenes en el cambio de persona gramatical, la indeterminación sexual por el continuo traslado del masculino al femenino".[14]

12. Francisco Brugnoli, *Cadáver exquisito*, Santiago, Ojo de buey, enero de 1990.
13. Eugenia Brito, *Campos minados*, Santiago, Cuarto Propio, 1990, p. 191.
14. Soledad Bianchi, *Poesía chilena*, Santiago, Documentas/CESOC, 1990, p. 166.

## Signos, poder y crítica de la representación

Los análisis que señalan la brusquedad de los cambios operados por la Escena de Avanzada en el arte y la literatura chilenos convergen todos ellos en marcar las rupturas desencadenadas por su "inagotable actividad reformuladora de signos, continuamente permeada por la crítica de las representaciones, de los géneros artísticos, de sus códigos subyacentes, de los lenguajes del arte".[15] Y sin duda que una de las primeras razones que tuvo la izquierda oficial para desconfiar de las prácticas de la Avanzada provino de este deconstruccionismo de los signos en trance de hiperactividad crítica. Su desconfianza provenía, además, de las dificultades de lectura que generaba la "densidad cultural" de su ambiguo tramado de "referentes no locales (en general, simplificando, el postmodernismo)" y de "referentes sublocales (digamos, pertenecientes a una cultura de resistencia o alternativa)".[16] La dificultad de estos cruces infamiliares llenaba las obras de la Avanzada de sobreexigencias interpretativas, lo que presuponía para ellas un lector que fuese políticamente cómplice de su impulso antidictatorial pero, al mismo tiempo, un lector experto en maniobras transcodificadoras. El rebuscamiento de ciertas jugadas destinadas a desviar las pistas de interpretación oficial mediante estratagemas de sentido que burlaran la censura y la autorreflexividad crítica de los juegos de citas e intertextos de las obras convirtieron la lectura de esas obras en un ejercicio de criptoanálisis que desafiaba el criterio de transparencia referencial manejado por la cultura solidaria, y que terminó, entonces, expulsando a la Escena de Avanzada de su ronda de afectos-efectos, relegándola "en los márgenes, incluso del campo no oficial",[17] es decir, fuera del pacto sociocomunicativo de la cultura mayoritariamente compartida por el sentido común de izquierda.

Más allá del realismo topográfico de su localización en los bordes del sistema de enfrentamiento al poder, la figura del "margen" le sirvió a la Escena de Avanzada de concepto-metáfora para productivizar el descarte social mediante una cita

15. Brunner, Barrios y Catalán, *op. cit.*, p. 154.
16. José Joaquín Brunner, "Campo artístico, Escena de Avanzada y autoritarismo en Chile", en *Arte en Chile desde 1973*, pp. 64-65.
17. Brunner, Barrios y Catalán, *op. cit.*, p. 155.

estética capaz de reconvertir la marginación y la marginalidad en una postura enunciativa. El concepto-metáfora del "margen" hablaba de un nuevo tipo de crítica oblicua (no frontal ni global) que buscaba desorganizar las reglas de composición del orden que le daba sistematicidad al poder desde el entremedio de sus lógicas de funcionamiento simbólico y comunicativo, a diferencia de lo que ocurría con la cultura de la izquierda tradicional, que se enfrentaba con una representación monolítica del poder como centralidad fija. Consciente de que se trataba de "politizar el arte en ausencia de marcas orientadoras, de directrices sólidas",[18] la Escena de Avanzada buscó elaborar tácticas intersticiales de subversión de las pautas de autoridad que multiplicaran pequeños márgenes de insubordinación de los signos en el interior de los sistemas de puntuación represiva: "No se trabata sólo de saltarse las reglas del juego —reafirmación siempre de esas reglas—, sino de acotarlas en su sinsentido o de llevarlas a su exceso simbólico, sus límites".[19] Estos procedimientos se dispararon hacia la corporalidad, la biografía sexual, los recorridos urbanos, las estéticas populares y los medios de comunicación, etc., como planos y secuencias que debían ser intervenidos y reformulados antiautoritariamente. Se trataba, para esas nuevas estéticas, de superar el modelo coyunturalista de "una crítica restringida al orden autoritario";[20] de traspasar esa crítica al resto de los órdenes discursivos complejamente imbricados en las problemáticas de la violencia simbólica y de la dominación cultural. Se trataba de que la pasión de la Escena de Avanzada por el desmontaje del sentido la hiciera pasar de la crítica del ***poder en representación*** (el totalitarismo del poder oficial) a la crítica de las ***representaciones de poder*** (las distintas codificaciones represivas) que reiteran la violencia de sus intimidaciones discursivas en cada serie de enunciados, en cada cadena gramatical, en cada subordinación de frases. Ese tránsito de un modelo de crítica a otro durante la dictadura resultó decisivo para ir preparando respuestas a los posteriores desafíos de la transición democrática,

18. Oyarzún, *op. cit.*, p. 31.
19. Gonzalo Muñoz, "Una sola línea para siempre", *Desacato*, Santiago, Francisco Zegers, 1986, p. 57.
20. Norbert Lechner, "Desmontaje y recomposición", en *Arte en Chile desde 1973*, p. 26.

que exigían saber cómo reubicar las estrategias de resistencia cultural en un campo de fuerzas mucho más fluido y diversificado que en los tiempos del autoritarismo.

La crítica de la Avanzada se especializó en pensar el "margen" (bordes, fronteras: diseminaciones) como juego de posiciones y operaciones simbólico-territoriales desplegados en torno a las jerarquías, las subordinaciones y segregaciones del poder. Este juego implicaba la rotura de la unicidad del sujeto como matriz de representación universal; la dispersión de los sentidos como resistencia al control dominante de una interpretación monológica de la cultura; la heterogeneidad de los cuerpos y de las voces como no sujeción al canon de una autoridad fundante del origen y del centro. Son esos temas, trabajados por la Escena de Avanzada, los que "engarzan con las teorías de la postmodernidad",[21] generando en Chile el inusitado antecedente de un arte de oposición cultural y de contestación política que al mismo tiempo se apasiona, neovanguardistamente, por los descentramientos significantes de la crítica de la representación.

21. Dicen los cientistas sociales: "La incorporación del debate sobre este último fenómeno (la postmodernidad) —que en los países centrales se hace simultáneamente desde la filosofía, la historia del arte y de la cultura, las ciencias sociales y la práctica y crítica del arte—, en el caso chileno, en cambio, se hace casi exclusivamente por medio de los artistas de la 'escena de avanzada'". Brunner, Barrios y Catalán, *op. cit.*, pp. 154-155.

# En torno a las ciencias sociales: saberes regladores y poéticas de la crisis[1]

Las frecuentes relaciones de malestar y conflicto entre el discurso sociológico y el pensamiento estético-crítico parecen confirmar la opinión de Pierre Bourdieu según la cual "la sociología y el arte no se llevan bien".[2] La razón principal que da Bourdieu para explicar esos desencuentros es la del choque entre dos miradas sobre el arte, incompatibles entre sí: por el lado de los artistas, predominaría el idealismo de una visión sagrada del arte (trascendencia, misterio, soledad, inspiración, etc.), mientras que, por el lado de los sociólogos, tiende a operar un racionalismo científico que traduce —y reduce— esa creencia de los artistas en la inmaterialidad del arte al materialismo de la reproducción institucional y al funcionalismo del dato objetivo. Pero así presentada, la razón expuesta por Bourdieu no basta para dar cuenta de desacuerdos más complejos que siguen oponiendo estética y sociología, incluso en el caso de un arte que comparte el afán desacralizador de la

1. Este texto es una versión revisada del capítulo "En torno a las ciencias sociales; líneas de fuerza y puntos de fuga", de *La insubordinación de los signos; cambio político, transformaciones culturales, poéticas de la crisis*, Santiago, Cuarto Propio, 1994.
2. Pierre Bourdieu, *Sociología y cultura*, México, Grijalbo, 1990, p. 225.

crítica antimetafísica respecto de la idealidad pura del recogimiento y su metafísica de la contemplación. Me gustaría comentar ciertos desacuerdos entre discurso sociológico y pensamiento estético-crítico en clave de un análisis local, situándome en el contexto del debate cultural chileno que tiene como referencia una escena artística cuyas poéticas del desarreglo terminaron por desafiar a los saberes constituidos.

Tanto el prestigio académico de las ciencias sociales chilenas (un prestigio ganado dentro de FLACSO [Facultad Latinoamericana de Ciencias Sociales] por autores como José Joaquín Brunner y Norbert Lechner, entre otros) como la complejidad y la audacia de las reformulaciones socioestéticas elaboradas por la Escena de Avanzada en Chile durante los mismos años en que las ciencias sociales confeccionaban sus teorías sobre autoritarismo y redemocratización contribuyen a dimensionar muy ejemplarmente la singularidad de los conflictos locales que se dieron entre sistemas de conocimiento (la investigación sociológica) y descalabros de lenguaje (la Escena de Avanzada); entre saberes regulares y saberes irregulares; entre fuerza de demostración y bordes de experimentación; entre marcos de contención disciplinaria y des-bordes de géneros.

## La nueva escena del pensamiento crítico

Violencia represiva y censura ideológica, durante la dictadura en Chile, alteraron fuertemente las condiciones de producción y circulación del saber que, hasta 1973, estaban garantizadas por el protagonismo académico del circuito universitario chileno; un circuito que, en los años sesenta, armaba el paradigma de la vida intelectual asociada a la imagen del pensador, del ideólogo, del agente de cambio social y político movilizado por el cambio revolucionario. La universidad, intervenida por la toma de poder militar, perdió su papel de conducción nacional en el debate de ideas mientras tenía lugar, en sus extramuros, el explosivo surgimiento de lo que Rodrigo Cánovas llamó un *"discurso de la crisis"*,[3]

3. Rodrigo Cánovas, "Hacia una histórica relación sentimental de la crítica literaria en estos reinos", *Cuadernos Hispanoamericanos*, Madrid, septiembre de 1990, p. 165.

elaborado desde la exterioridad viva, desamurallada, de los procesos y sucesos que negaba la clausura universitaria de los años de la dictadura. Alrededor de la Escena de Avanzada, se desató una escritura crítica cuyo movimiento de combate —urgido y urgente— le exigía a la teoría deshacerse de la neutralidad expositiva de los metalenguajes científicos y liberarse, también, de los tecnicismos del saber académico. El nuevo discurso —"que tuvo su expresión militante en un grupo de artistas plásticos y su adhesión a ciertos círculos de filósofos y literatos"—[4] acompañó, a partir de 1977, el trabajo de obras empeñadas en el desmontaje formal de las ideologías artísticas y literarias de la tradición cultural. Preocupado en recalcar la materialidad del significante (visual, textual) como plano y secuencia de crítica del significado, el discurso de la Escena de Avanzada fue explorando bordes de pensamiento que manifestaban un deseo de ***experimentación con el sentido*** más que de ***análisis e interpretación del sentido***.

Este nuevo "discurso de la crisis" circuló como "el referente teórico-informal en que se expresa(ba)n direcciones transdisciplinarias que la institucionalidad académica omite o relega a sus márgenes interiores: Benjamin, el psicoanálisis, la semiología, el postestructuralismo, el deconstruccionismo".[5] Pero ni Benjamin ni Freud ni Nietzsche ni Derrida circulaban, en el dispositivo de textos de la Avanzada, como citas-fetiche del saber filosófico de la cultura metropolitana, sino más bien como piezas a reensamblar que se conectaban con violentos estratos psicosociales de la realidad chilena, cuyas energías de sentido nacían de las junturas y los entrechocamientos entre texto (las bibliografías importadas) y contexto (los desencajes de la violencia local). Las teorizaciones heterodoxas del "discurso de la crisis" que practicó la Avanzada desacotaron las marcas de los saberes disciplinados para vagar fuera de las acumulaciones del conocimiento universitario protegidas por el culto de la especialización académica.

Los textos del nuevo discurso crítico chileno armaban y desarmaban los saberes tradicionales con la ayuda —cortante— del procedimiento de la *cita*, que pasó a ser una técnica capaz

4. *Ibid*.
5. Pablo Oyarzún, "Arte en Chile de treinte años", *Official Journal of the Department of Hispanoamerican Studies*, University of Georgia, 1988.

de resignificar, basada en interrupciones y discontinuidades, una cultura hecha pedazos. La cita permitía no sólo reciclar orígenes y filiaciones en una mixtura de procedencias intertextuales de lenguajes en préstamo. La cita ponía también en escena los montajes técnicos del sentido (asociaciones-disociaciones y combinaciones), sin ocultar nada de las asperezas de los cortes —que separan y dividen— en tiempos de fragmentación de la experiencia histórico-social. La cita servía para *hacer tajos* en el cuerpo de los enunciados, volviendo palpables las heridas dejadas en el saber por la desestructuración de los marcos de comprensión de un presente dislocado. Mientras que la cultura oficial hablaba la lengua de la razón totalitaria, del Todo indesmontable de la clausura represiva, la cita artística y crítica trazaba hendiduras y rasgaduras en la cara de ese Todo, destrozando sus verdades presuntamente enteras y multiplicando los trozos que un pensamiento *en acto* recombina en desorden de piezas y sentidos. Los textos de la Avanzada exacerbaron las técnicas del *collage* y del *montaje* para quebrar las imágenes falsas de coherencia enunciativa. Heterogeneidad y diseminación fueron las marcas que develaban un sentido "abierto a la contingencia, quebrado en la coyuntura" (Oyarzún), gracias a la disimilitud del fragmento que reintrodujo en el interior de los enunciados todas las contrariedades que accidentaban y desestabilizaban la supuesta armonía trascendente de la forma. La práctica de la cita en los textos y las obras de la Avanzada recordaba las convulsiones del entorno con sus trastocamientos de enunciados, la violencia de sus cortes y añadiduras; la materialidad bruta de los roces y fricciones de corpus y superficies; el choque de fuerzas irruptivas y disruptivas, cuyas sacudidas entre contrarios negaban la posibilidad de abismarse tranquilamente en la interioridad contemplativa del sentido.

El "discurso de la crisis" de la Avanzada transitó por ese campo de saberes mutilados y disciplinas rotas por el indisciplinamiento de los géneros, en donde la amalgama de "vida y obra (artística y teórica)" se revestía de "la transgresión y la marginalidad (sexual, lingüística y simbólica)".[6] Esta dislocada marginalidad teórica de la Avanzada violentó el discurso de lo medible y de lo calculable que, durante los mismos años,



6. Cánovas, *op. cit.*, p. 165.

profesaban las ciencias sociales chilenas, que buscaban mantener el *control del sentido*, apoyadas en las reglas de demostración objetiva y en el realismo técnico de un saber eficiente reorganizado en función del mercado científico-financiero de los centros de investigación que iban a decidir su aceptación internacional; un mercado que, en su versión dominante, tiene "en la procesadora de palabras su apoyatura técnica" y que erige triunfalmente el *paper* como "la carta de presentación" comunicacional de "un nuevo pragmatismo (que) se ha atrincherado en el lenguaje para despotenciar sus aspectos críticos y ficcionantes en función de su manipulación serial y abstractiva".[7]

## Desvíos y desviaciones

Las prácticas de la Escena de Avanzada, restringidas a públicos minoritarios, "se desplazaban conscientemente hacia los márgenes de la cultura, incluso alternativa, a fin de hacer allí su búsqueda en la frontera de la comunicación y de la experiencia personal",[8] mientras que las ciencias sociales, "no oficiales, excomulgadas, expulsadas de las universidades"[9] y que formaban parte del movimiento alternativo, "buscaban reconectarse con la opinión pública y con los mecanismos de influencia intelectual: revistas, academias, foros públicos, embajadas, partidos políticos, redes de prestigio internacional y local".[10] Lo disparejo de estos dos soportes de operación da cuenta de las posiciones asimétricas que ocupaban respectivamente la Escena de Avanzada y las ciencias sociales en el mapa chileno de la recomposición sociocultural. Pero ese dato quizá no baste para explicar por qué los intercambios teóricos y críticos entre ambos sectores fueron —en los términos expresados por el mismo Brunner— "diversos según los casos y los momentos, siempre tenues, incluso reticentes".[11]

7. Ricardo Foster, "El encogimiento de las palabras", *Revista de Crítica Cultural*, nº 2, Santiago, noviembre de 1990.
8. José Joaquín Brunner, "6 preguntas a José Joaquín Brunner", *Revista de Crítica Cultural*, nº 1, Santiago, mayo de 1990.
9. *Ibid.*
10. *Ibid.*
11. *Ibid.*

El sector de las ciencias sociales agrupado en torno a FLACSO no sólo se distinguió, en Chile, por su eficiente recuperación de un sitio de prestigio académico-nacional desde donde seguir construyendo medios profesionales de racionalización del mundo social y político. Se caracterizó también por haber remodelado una nueva sensibilidad teórica que contrastaba fuertemente con las tendencias funcionalista y marxista que dominaban, hasta entonces, la tradición institucional de las ciencias sociales latinoamericanas. Esta nueva sensibilidad teórica —expresada sobre todo por autores como Brunner y Lechner— respondía a los cambios marcados por "la puesta en duda de los grandes proyectos de modernización que constituyeron la materia básica de consumo simbólico-político en otros tiempos (fueran el desarrollismo, el liberalismo o el socialismo)" y "el desencanto y la desconfianza generados por las rupturas institucionales, los fracasos políticos y los desmembramientos sociales".[12] A esta nueva corriente de sensibilidad, Martín Hopenhayn la llama "humanismo crítico", enfatizando con esta designación el particular modo de la sociología chilena de recurrir a diferentes saberes de la cultura contemporánea (sociológicos, antropológicos, teóricos, filosóficos, etc.), para cuestionar las racionalizaciones totalizantes de los esquemas macrosociales, y para valorar una noción de cultura que abarca la formación de memorias, la constitución de identidades y la representación cotidiana de sujetos tramados por múltiples interacciones simbólico-comunicativas.

Los cambios de sensibilidad teórica que atravesaron el pensamiento de las ciencias sociales chilenas indican que sus autores compartían con el discurso crítico de la Escena de Avanzada un marco de referencias afines (simplificando: el postmarxismo en las ciencias sociales, el postestructuralismo en la nueva crítica estética), y que estas convergencias de lectura podrían haber alimentado algún tipo de diálogo intelectualmente cómplice en torno a un mismo horizonte de reconceptualizaciones teórico-culturales. Sin embargo, no fue así. Pese a ciertas vinculaciones del sector teóricamente renovado de las ciencias sociales, encabezado por J. J. Brunner, con

12. Martín Hopenhayn, *El humanismo crítico como campo de saberes sociales*, Santiago, Documento FLACSO nº 445, abril de 1990, p. 1.

determinadas prácticas de la Avanzada,[13] prevalecieron el recelo y la mutua desconfianza.

Los centros de estudios encargados de procesar el análisis cultural del campo no oficial durante la dictadura, tomando al CENECA (Centro de Indagación y Expresión Cultural y Artística) como modelo, lo hicieron seleccionando manifestaciones de alcance masivo cuyo sentido —anclado en lo popular— sirviera a la reintegración comunitaria de un cuerpo nacional roto. Esas investigaciones no podían sino marginar de su formato cultural-popular el neoexperimentalismo de la Escena de Avanzada que llevaba grabado el estigma de lo minoritario. Mirada desde las prioridades del compromiso de acción social y participación masiva, la Escena de Avanzada parecía sólo ser "una experiencia de gueto, alejada de las evoluciones generales del campo, sobrecargada por la convicción de sus propios valores, con tendencia al espíritu de secta, indiferente a sus públicos, con escasa institucionalización".[14]

Por un lado, la sociología de la cultura le reprochaba a la Escena de Avanzada su reivindicación del margen como un contralugar que la excluía del juego de reordenamiento institucional y de mercado que, con la retórica de la modernización, comenzaba a dinamizar ciertas regiones del paisaje cultural del autoritarismo. La "relación de externalidad (y rechazo) del mercado, la represión y la televisión"[15] que exhibía la Escena de Avanzada le impedía —según los sociólogos— "encontrar un punto de 'salida' hacia nuevos públicos"[16] que rompiera el cerco del ensimismamiento. Por otro lado, artistas y críticos de la





13. En el caso de J. J. Brunner, y bajo su dirección en FLACSO, se tejieron algunos nexos con la Avanzada, tal como consta en la publicación del Documento FLACSO nº 46, enero de 1987: *Arte en Chile desde 1973; "Escena de Avanzada y sociedad"*) que recoge la experiencia de un seminario (integrado por críticos, filósofos, sociólogos, etc.) en torno a la publicación de *Margins and Institutions; art in Chile since 1973*. También debe mencionarse el interés de Brunner por la obra de Raúl Zurita (quien, por lo demás, prologó su libro *La cultura autoritaria en Chile*) y la colaboración del mismo Brunner a la publicación *Desacato* (Santiago, Francisco Zegers Editor, 1986) sobre la obra de Lotty Rosenfeld.
14. José Joaquín Brunner, Alicia Barrios y Carlos Catalán, *Chile; transformaciones culturales y modernidad*, Santiago, FLACSO, 1989, p. 155/156.
15. José Joaquín Brunner, "Campo artístico, Escena de Avanzada y autoritarismo en Chile", en *Arte en Chile desde 1973*, p. 55.
16. *Ibid*.

Avanzada le reclamaban a la sociología su tendencia a evaluar obras y textos según meros "criterios cuantitativos de recepción o masividad",[17] y acusaban a su mirada de ser una "mirada viciada" (G. Muñoz) que, al reeditar las mismas quejas contra el esoterismo de sus textos que las formuladas por el sentido común de la cultura masiva, se hacía finalmente cómplice de la condena al aislamiento que terminó segregando las prácticas más innovadoras del período en un paréntesis de recelo y desconfianza. La Avanzada les reprochaba a las ciencias sociales el hecho de que, "bajo la máscara de un sociologismo funcional que reproducía la lógica de la dominancia",[18] sancionaran como ***desviado*** el gesto artístico de transgredir la norma de integración sumisa al consumo artístico y cultural en lugar de valorar su capacidad ***desviante***, oblicua: de torsión crítica del modelo de comunicabilidad dominante que saturaba las industrias culturales con sus estereotipos de mercado. Desde el punto de vista de la Escena de Avanzada, las ciencias sociales se mostraban incapaces de juzgar el arte fuera de los criterios de rendimiento y performatividad sociales que miden la eficacia de las prácticas cuando verifican sus resultados dentro de los mezquinos límites de comprobación numérica fijados por una lógica cuantitativa; una lógica de "capitalización de la producción cultural" que tiende a creer que "la obra de arte es una mercancía" regulada por "la racionalidad del mercado y los circuitos comerciales".[19] Los intelectuales de las ciencias sociales no se arriesgaron a valorar el gesto crítico de la Escena de Avanzada que buscaba renovar los imaginarios del arte, abriendo una brecha hacia las zonas más obturadas de la experiencia simbólica del Chile de la represión que no se reconocían en los vocabularios adaptativos de una memoria integradora. De haberse atrevido a recorrer con los artistas esta brecha, los cientistas sociales de FLACSO podrían haber colaborado en extender los límites de aquel debate sobre neovanguardia y crítica postvanguardista que las prácticas de la Avanzada generaron con inusitado vigor en Chile.

17. Gonzalo Muñoz, "Manifiesto por el claroscuro", en *Arte en Chile desde 1973*, p. 55.
18. *Ibid*.
19. Norbert Lechner, "Desmontaje y recomposición", en *Arte en Chile desde 1973*, p. 29.

## La mirada de las ciencias sociales y sus puntos ciegos

La gestualidad insurgente de la Escena de Avanzada operaba "desde la dispersión, desde la pulsión, desde la aniquilación de la unidad",[20] mientras que las ciencias sociales cumplían con los requisitos de un discurso financiado por las agencias internacionales que esperaban de ellas consideraciones útiles sobre la dinámica social y política de procesos que debían ser necesariamente reconstituyentes de sujetos, ya que preparaban el juego de los actores que iban a protagonizar la transición democrática. Un discurso, entonces, que no podía sino marginar de su campo de investigaciones pagadas los sobregiros de lenguaje e identidad que la Escena de Avanzada practicaba como excedente, como suplemento, a través de obras cuyo derroche de figuratividad (alegorías y metáforas) perturbaba la economía del cálculo de las razones instrumentales. El gesto de la Avanzada de querer "alcanzar el temblor del acontecimiento estetizado" (G. Muñoz) desbordaba la lógica explicativa del sociologismo funcional que sólo perseguía razones para traducir lo social a *datos*, haciendo reventar esos datos en la "producción, multiplicación y despliegue de un síntoma"[21] transfigurado por las obras en estilos y máscaras.

Tantos desencajes de códigos complicaron la voluntad demostrada por la sociología de *ordenar categorías* y de *categorizar desórdenes* en una lengua segura; una lengua que reenmarcara *la crisis de sentido* en un cuadro general de disciplinamiento del *sentido de la crisis*. Este cuadro se compuso y se impuso en Chile porque no había "otro esquema en el espectro de la *intelligentzia* criolla con semejante vigencia, semejante aparato de influencias o parecido abarcamiento de temas y problemas"[22] que el confeccionado por las ciencias sociales. La voluntad de abarcamiento y síntesis implicada en ese esquema llevó a las ciencias sociales a realinear lo antilineal; a someter las vueltas y rodeos de un decir en trance (el de la Avanzada) a la direccionalidad reordenadora de una razón científica que obedece a "una determinada comprensión implícita de lo histórico, que lo

20. Eugenia Brito, *Campos minados*, Santiago, Cuarto Propio, 1990, p. 12-13.
21. Gonzalo Muñoz, "El gesto del otro", en *Cirurgía plástica*, Berlín, NGBK, 1989, p. 23.
22. Pablo Oyarzún, "Crítica; historia", en *Arte en Chile desde 1973*, p. 47.

piensa desde la matriz de lo social y a ésta, a su vez, como relevo de la matriz política".[23]

Es cierto que FLACSO y CENECA se impusieron en toda América Latina como los dos centros de investigación sociológica que efectuaron el más extenso relevamiento de la cultura alternativa en países sometidos al poder autoritario. Pero es también cierto que las cuentas y los recuentos que sacaron de esos relevamientos nos dicen que "la versión que las ciencias sociales dan de nuestra historia no nos habla únicamente de ésta, sino también —y quizá más que nada— de ellas mismas, de su urgencia por recomponerse, de su voluntad por preservar y redefinir el puesto de dominancia en el discurso nacional que habían alcanzado a partir de la década del 60"[24] y que luego fue desarticulado por el golpe militar. Las ciencias sociales chilenas retomaron ese puesto de dominancia desde el cual tiraron líneas para describir y explicar la serie de procesos vividos bajo la dictadura, confiadas en el apoyo de un "paradigma sociológico para el análisis de la cultura (que) ofrece una caracterización macrosocial de las formas modernas de producción, comunicación y consumo, las que se realizan bajo las leyes de mercado y alcanzan a públicos masivos".[25] Ése es el paradigma que las obras y los textos de la Escena de Avanzada desestabilizaron al abrir puntos de fuga y clandestinidad en el cuadro de racionalizaciones técnicas de la sociología; al llenar de turbulencias de sentido las pautas reguladoras de la abstracción científico-social.

Las tensiones producidas entre las macrorracionalizaciones de la sociología (una sociología que "se imaginó a sí misma como predilecta de la razón e intentó, desde Comte hasta Marx, organizar el mundo de acuerdo con la razón de los filósofos"[26]) y las micropoéticas narrativas y visuales de la Escena de Avanzada, marcaron una instancia de debate crítico profundamente original en la reflexión latinoamericana sobre modernidad y postmodernidad. Si bien una parte de las ciencias sociales chilenas asumía la crítica postmoderna a los macrorrelatos globalizantes

23. *Ibid.*
24. *Ibid.*
25. Néstor García Canclini, "Los estudios culturales de los 80 a los 90", *Punto de vista*, nº 40, Buenos Aires, septiembre de 1991.
26. J. J. Brunner en *Revista de Crítica Cultural*, nº 1.

de la modernidad y su necesidad de desconfiar de las sistematicidades absolutas, sus analistas necesitaban de cualquier manera hacer confiable el relato de su desconfianza validándolo dentro del campo de conocimiento de un saber acreditado por las reglas de competencia del léxico académico-profesional. Por el contrario, el arte y la literatura de la Avanzada se dieron el lujo (en medio de tantos apremios) de preferir las ubicaciones estratégicas de sujetos y objetos limítrofes, ajenos a las hegemonías de conocimiento selladas por diplomas de obediencia disciplinarias. Cuando las ciencias sociales se vieron enfrentadas a las vueltas y revueltas con las que la Escena de Avanzada se demarcó de los lenguajes rectos de la modernidad, estas mismas ciencias sociales prefirieron cuidarse de tal aventura refugiándose en una "metodología cuantitativa" que traza "un esquema estadístico del desarrollo global" de las transformaciones culturales.[27] Pese a su reclamo formal contra las abstracciones totalizantes del cientificismo ligado a la racionalidad moderna, las ciencias sociales dejaron escaso lugar para que "observaciones *no sistemáticas* de los significados que los procesos tienen para los sujetos" pudieran desafiar "las interpretaciones construidas en el análisis macro" y renovar las condiciones de lectura determinadas por su "enmarque globalizador".[28] Las ciencias sociales chilenas tendieron, más bien, a relegar lo extrasistemático (lo que no se dejaba clasificar por los saberes integrados) a márgenes de irrelevancia. Por mucho que llevaran la delantera en la tarea de revisar críticamente los temas que le habían dado origen y fama a su empresa intelectual (modernización, desarrollo, etc.), "las hipótesis y las líneas argumentales" desarrolladas por las ciencias sociales chilenas siguieron apoyándose en "la captación cuantitativa de las tendencias prevalecientes de la modernización"[29] y en los repertorios técnicos convencionados por el mercado de las especializaciones.

Por todo eso es que la sociología chilena de los ochenta pudo "parecerle moderna, demasiado moderna" a la Escena de Avanzada que realizaba, desafiante, "una crítica de elementos

27. García Canclini, *op. cit.*
28. *Ibid.* (El destacado es de la autora).
29. *Ibid.*

clave de la modernidad, tales como el rechazo de la reducción de la verdad a un grupo de poder, incluidos los intelectuales reconocidos por algún mecanismo institucional; la desconfianza en el poder de la razón analítica; la ruptura frente a las pretensiones del lenguaje discursivo; la crítica de lo meramente denotativo y del léxico especializado de una disciplina determinada".[30]

Lo que los cientistas sociales retrataron como una de las posturas determinantes de la Escena de Avanzada —a saber: su "inagotable actividad reformuladora de signos, continuamente permeada por la crítica de las representaciones"—,[31] no se limitó sólo a desmontar la discursividad oficial del poder autoritario y los estereotipos ideológicos del testimonialismo contestatario. Su pasión del desmontaje crítico traspasó en muchos sentidos el límite coyuntural del referente "antidictadura". El minimalismo de la rotura y del fragmento sintáctico que se oponía a la épica del metasignificado armó un escenario de desarme en el que vocabularios en miniatura acusaban la caída de las significaciones globales; el fracaso de las abstracciones totalizantes; la desorientación y el extravío de las perspectivas generales basadas en puntos fijos y líneas rectas. Estos nuevos vocabularios de la Escena de Avanzada lanzaban señas de reforma del pensamiento crítico que anticipaban muchas de las flexiones del debate postmoderno en torno a la fragmentación, el descentramiento y la alteridad. Al no prestarles suficiente atención teórica a estas señas producidas inauguralmente desde el arte, las ciencias sociales desaprovecharon el potencial crítico de una escena de discursos que fue la que dibujó el "antecedente de la discusión actual sobre postmodernidad" mostrando cómo "el arte *vivió* antes que ningún otro saber en Chile (ciencias políticas y sociales) la caída del sujeto utópico y el descubrimiento del carácter heterodoxo y fragmentario de la experiencia cotidiana";[32] un antecedente que debería haber sido incorporado al debate cultural de la renovación socialista como evidenciación del síntoma de la crisis que afectaba las racionalidades políticas tradicionales.

30. Martín Hopenhayn, "¿Pero qué tienen contra los sociólogos?", en *Arte en Chile desde 1973*, p. 94.
31. Brunner, Barrios y Catalán, *op. cit.*, p. 154.
32. Santiago, marzo de 1993.

Las operaciones semiperiféricas de la Escena de Avanzada, que proyectaban "un gesto oblicuo a una cierta economía, una sombra ilógica de una cierta lógica dominante" (G. Muñoz), desplegaron las condiciones productivas que nos sirven para revisar y cuestionar el monopolio explicativo que insisten en detentar las ciencias sociales en Chile para dar cuenta de las transformaciones culturales de la dictadura. Pese a que estas ciencias sociales, apoyadas en un conocimiento garantizado por reglas de tecnicidad profesional, hayan desconfiado sistemáticamente de los saberes fuera de contrato de la Avanzada, debe reconocerse hoy que es la creatividad dispersa de estos saberes informales, desgarantizados, de la Avanzada la que fue capaz de dibujar anticipadamente las roturas simbólicas y expresivas de una memoria histórica que después, durante la transición democrática, quedaría aplanada por las máquinas del consenso oficial de las que estas mismas ciencias sociales se hicieron cómplices.

# Acontecimiento y resignificación[1]

> Podríamos ver, entonces, a la vanguardia como una respuesta política, específica, al liberalismo; una respuesta a la idea del consenso y el pacto como garantía del funcionamiento social, la noción de representación y de mayoría como forma de legitimidad. La vanguardia vendría a cuestionar estas nociones, con su política de la secta, de intervención localizada y secreta, con su percepción conspirativa de la lógica cultural y de la producción del valor, como una guerra de posiciones. (...) Eso explica, creo, lo que podemos llamar la reacción postmoderna, la crítica a la vanguardia que deriva obviamente del triunfo del liberalismo. Si hay un renacimiento del liberalismo hay crisis de la vanguardia y todos retroceden hacia el mercado y las instituciones establecidas.
>
> Ricardo Piglia, "Teoría del complot".

El motivo del fin lleva por un lado a una figura crítica, digamos la desilusión, y por otro, a una figura profética que implica un pasaje de una figura a otra. Para mí, sin embargo, ambas posiciones niegan prácticamente la posibilidad de la política. La primera porque representa, después de todo, una aceptación del orden establecido...: cuando se pierden las ilusiones, se

1. Este texto fue publicado con el título "Lo político y lo crítico en el arte: ¿Quién le teme a la neovanguardia?" en el nº 29/30 de la *Revista de Crítica Cultural*, noviembre de 2004.

> está en el mundo tal como está, y entonces el mundo podrá ser administrado pero sin que haya política en el sentido en que yo entiendo esta palabra. Tampoco habrá política en la segunda posición, porque en este caso lo que reemplaza a la política es el anuncio de las condiciones de su posible resurrección, mientras que la política queda en sí misma paralizada.
>
> Alain Badiou, "Fidelidad, militancia y verdad".

Lo más denso de las reflexiones abiertas por la conmemoración de los treinta años del golpe militar en Chile (septiembre de 2003) concierne a un "manojo de preguntas" sobre "catástrofe" y "posibilidad",[2] es decir, sobre cómo el arte y el pensamiento crítico buscaron trasladar las marcas de la destrucción histórica a constelaciones de sentido capaces de suscitar nuevos montajes —estéticos, políticos, críticos— de la experiencia y la subjetividad.

Éste es el contexto en el que quisiera situar esta discusión con un texto provocativo de Willy Thayer ("El golpe como consumación de la vanguardia"),[3] que pone en relaciones de contigüidad y equivalencia al golpe militar del 11 de septiembre de 1973 (el golpe como vanguardia) y la neovanguardia artística chilena (la Escena de Avanzada) como golpe y reiteración. Agradezco la provocación de este texto de W. Thayer que, al incitarme a expresar mis desacuerdos con su postulado general (un postulado según el cual el golpe militar habría *anticipado* y *cancelado* a la vez el significado crítico de los quiebres de la representación que trabajó la Escena de Avanzada), me ha dado la oportunidad de revisitar esta escena neovanguardista chilena de los años ochenta que puso en tensión el arte y la política.

2. Con estas palabras sitúa Federico Galende, director de la revista *Extremo Occidente*, el dossier "La memoria perdida, a treinta años del Golpe" que fue publicado en su nº 2.
3. Revista *Extremo Occidente*, nº 2, Universidad ARCIS, Santiago, pp. 54-58.

## Del campo al descampado



Bien sabemos que el término "vanguardia" proviene del léxico militar, donde designa la "avanzada" de un cuerpo selecto que les abre camino a las tropas que llevarán a cabo la invasión territorial. Las esferas políticas, pero sobre todo las esferas culturales (artísticas e intelectuales) se apropiaron del término "vanguardia", en la historia del modernismo, para nombrar lo adelantado y precursor de prácticas que "abren camino" bajo el signo —rebelde— de una batalla contra la tradición y las convenciones.

A fines de los años setenta, cuando tomó forma la escena que posteriormente se analiza en ***Márgenes e instituciones***,[4] la acuñación del término Escena de Avanzada buscaba: 1) destacar lo precursor de un trabajo —batallante— con el arte y sobre el arte que, efectivamente, participaba del ánimo vanguardista de ***experimentación formal*** y de ***politización de lo estético***; 2) tomar distancia de la epopeya modernista de la vanguardia que internacionalizan las historias del arte metropolitano, mediante el señalamiento de la ***especificidad local de una escena de emergencia***. Optamos por la denominación de Escena de Avanzada, para subrayar sus rasgos particulares y diferenciales,[5] no asimilables al referente internacional de la vanguardia. Si bien la Escena de Avanzada se caracterizó a sí misma como "neovanguardia" para destacar así su voluntad de repolitizar el arte desde un imaginario de la crisis y las fracturas (ideológicas, estéticas), "la Avanzada explicitó desde el comienzo su relación incómoda con la vanguardia".[6] Esto lo reconoce W. Thayer,

4. Nelly Richard, ***Margins and Institutions; art in Chile since 1973***, Melbourne-/Santiago, Art and Text/Francisco Zegers Editor, 1986.
5. La insistencia, por ejemplo, en situar la Avanzada bajo el recorte nominativo de la palabra "escena" —cuyo estrato es psicoanalítico— en lugar del término "grupo" al que habitualmente remite la terminología vanguardista, era una de las maniobras demarcatorias que intentaban señalar una diferencia de caracterización local de esa escena.
6. W. Thayer, "El golpe como consumación de la vanguardia", p. 55.
   En "Del aceite al collage" (***Cambio de aceite, pintura chilena contemporánea***, Museo de Arte Contemporáneo, 2003), W. Thayer se preocupa por acentuar la mención a esa incomodidad y de hacer valer al mismo tiempo la ambigüedad que, ciertamente, marcaba nuestros textos: "No hay que desconsiderar, sin embargo, que N. Richard explicitó, desde el comienzo, su relación incómoda con el vanguardismo. Señales de esto encontramos por

aunque no se detiene mayormente en esta "incomodidad" que, sin embargo, es clave para subrayar los descalces y sobresaltos de traducción entre, por un lado, la "cita" del vanguardismo internacional y, por otro, sus específicas desapropiaciones, reapropiaciones y contraapropiaciones locales.[7] Me parece, primero, que el guión universalizante de la vanguardia, a cuya enseña maximalista recurre W. Thayer, borra la coyunturalidad táctica de los desplazamientos y reinscripciones de significados que le dieron su valor ***situacional*** y ***posicional*** a la Avanzada chilena.

Si bien la Escena de Avanzada defendió una estrategia militante en contra del academicismo, no se mostró únicamente interesada en atacar los símbolos de la institución artística. La ofensiva crítica de estas prácticas chilenas de los ochenta que combinaron, de modo inédito, ***materialismo significante***, ***análisis institucional*** y ***politización del arte***, buscaba sacarle filo a un proyecto cultural que entraba en disputa con varios otros frentes discursivos en el interior del campo antidictatorial. La Escena de Avanzada se relacionó polémicamente con las otras redes de prácticas alternativas con las que convivía en el campo no oficial: las redes comunitarias del arte militante, las redes institucionales de los centros de investigación en ciencias sociales. Las aristas del debate político-cultural y crítico-estético entre la Escena de Avanzada y esas otras redes no pudieron ser examinadas con suficiente atención en los tiempos de la dictadura, porque la urgencia de la consigna

---

doquier. Son varios los pasajes del texto de Richard que subrayan la diferencia entre la vanguardia y la Avanzada. A la vez, son múltiples las expresiones que en el texto de N. Richard vinculan el significante Avanzada a la tortura de la representación, gesto propiamente vanguardista" (p. 53).

7. Incluso cuando W. Thayer manifiesta la intención de desmarcar a la Avanzada de la vanguardia confesando, en otro texto ("Vanguardia, dictadura, globalización"), querer trascender "la comprensión de la ***avanzada*** como ***vanguardia***", no lo hace pensando en la productividad crítica de este descalce entre lo internacional y lo local, entre lo metropolitano y lo periférico. Su tesis es, más bien, que ya no sería posible hablar, al estilo vanguardista, de "práctica contrainstitucional", en una escena en la que se ha disuelto la representación ("Las operaciones de la avanzada no podrían ser consideradas bajo la resonancia del vanguardismo en términos de *desmantelamiento de la institución representacional histórica* porque, en 1973, cuando la avanzada emerge, [...] toda forma institucional ha sido suspendida", p. 251).

antidictatorial aplazaba la tarea de reflexionar sobre el detalle de las controversias que le eran internas al campo opositor. Sigue habiendo ahí una tarea pendiente (y no sólo para la sociología cultural) que concierne al estudio de las determinaciones y los modos con los cuales las diversas prácticas de oposición y resistencia críticas definieron sus respectivas apuestas antidictatoriales en el Chile totalitario. No creo que la mejor forma de ayudar a esa tarea aún pendiente —la tarea de recuperar zonas eludidas de "La memoria perdida: a treinta años del Golpe"[8]— sea condenar al *sinsentido* (a la inutilidad) las *luchas por el sentido* que motivaron al arte insurgente de la Avanzada, con el decreto —aniquilante, exterminador— de la muerte de la crítica, de que *"la crítica fue consumada por el golpe"*,[9] ta como lo enuncia W. Thayer. Este decreto no hace sino obliterar las marcas de aquellas prácticas que, surgidas bajo la dictadura, interpretaron más audazmente la secuencia: *historia-golpe-destrucción-reconstrucción-totalidad-fracturas-deconstrucción*. Al dejar sin razón de ser a las prácticas de transformación artística de los ochenta en Chile, W. Thayer desposee a la Escena de Avanzada de su pasado pero, además, inhibe su futuro, ya que el definitivo y amenazante remate del fin que decreta el autor ("*ninguna* lógica de la transformación [...] y de la innovación *será posible* en el rayano del acontecimiento") termina cancelando incluso la alternativa de que nuevas fuerzas de lectura reubiquen esas prácticas en una secuencia *viva* de debate sobre lo crítico y lo político en el arte, cuyas energías potenciales el texto da por sepultadas.[10] El definitivo remate del fin con el que W. Thayer agota las virtualidades de lo inconcluso impide que el pasado (en reserva) de la Escena de la Avanzada siga estando disponible para ser reconjugado en futuro anterior.

8. Título del dossier de *Extremo Occidente* nº 2 del que forma parte el texto de W. Thayer.
9. W. Thayer, "Del aceite al collage", en *Cambio de aceite, pintura chilena contemporánea*, Museo de Arte Contemporáneo, 2003, p. 52.
10. La definitoriedad del "ya nada será posible" inhibe los desplazamientos de significados que cualquier relectura ejerce sobre el pasado: "la actividad de leer comporta la fuerza de revocar el sentido de la inscripción y, por lo mismo, de revocar el pasado y su 'fue', de corregirlo, de borrarlo, de confundirlo". Carlos Pérez V., "Pasión, muerte y resurrección en la saga de Patricio Guzmán", *Extremo Occidente*, nº 2, p. 53.

La Escena de Avanzada le disputó a la política en los años de la dictadura la capacidad de armar, en torno a los dilemas de la representación, un campo de problemas y tensiones que se resistiera a la ilustratividad del contenido ideológico y a la operacionalidad del programa político. Se le debe a la Escena de Avanzada la existencia de un "campo" de independencia formal, de autorreflexividad de los signos, que postulaba un arte ***no subsumible a la hegemonía de la política*** aunque sí ***cuestionador de lo político***, debido a "operaciones complejas desde el punto de vista del arreglo conceptual, [...] de la irrupción novedosa de otros significados".[11] Al invalidar el efecto de estas "operaciones complejas" que lucharon contra el vaciamiento del sentido, W. Thayer reinstala el vacío del "descampado" ahí donde el arte y la crítica habían armado un estratégico campo de problemas y tensiones. El arrasamiento del *post* que instala la sentencia posthistórica del "*ya nada será posible*" (W. Thayer) termina de consumar hoy lo todavía inconsumado por el golpe militar, al liquidar —retrospectivamente— cualquier expectativa de la Avanzada de haberle disputado otros significados a la violencia impuesta.

W. Thayer define el golpe militar como un "punto sin retorno", como *un pasado del que no se retorna*. Pero, ¿hay acontecimiento sin retorno? Siempre hay retorno porque nada de lo que acontece queda en el punto fijo de la primera vez: siempre hay desplazamientos de inscripción y contextos, reactualizaciones, que llevan el acontecimiento a ser simbolizado —y transformado— a través de las múltiples repeticiones y desfases de sus sucesivas escrituras.[12] La pesadilla del golpe militar como acontecimiento del que no se retorna, en el texto de W. Thayer, transforma el golpe en un *presente continuo*. En lugar de captarlo en la narratividad histórica

11. Tomás Moulian, "Golpe, dignidad y desgracia; diálogo con Tomás Moulian", *Extremo Occidente*, nº 2, p. 49.
12. No hay acontecimiento sin repetición y la repetición es siempre desfase: "Es la repetición la que hace ser: *no hay acontecimiento sin superficie de inscripción* [...]. El acontecimiento no puede ser determinado más que si es inscrito. El encadenamiento sobre él, y la experiencia que se tiene, son indisociables de la superficie sobre la que se inscribe. Es esta superficie que lo determina, ofreciéndola a la reproducción [...] *Teniendo que ser repetido para ser comunicado*, no es cogido y producido, inscrito, más que en razón de lo que podría parecer venir después: la repetición". Jean Louis Déotte, *Catástrofe y olvido; las ruinas, Europa, el Museo,* Santiago, *Cuarto Propio*, 1998, p. 183.

de las escrituras compuestas y heterogéneas que siguen desinscribiendo y reinscribiendo sus signos a cada vez que se lo analiza o reinterpreta, la tesis del "no retorno" instala ***el presente interminable del golpe*** como un acontecimiento trascendental que, abstraído de sus contextos móviles de relectura y transformación significante, no cesa de ocurrir ***idéntico a sí mismo***.

La abstracción trascendental del golpe lo convierte, en el texto de Thayer, en un objeto sublime (un objeto cuyo absoluto lo vuelve irrepresentable) y, como tal, en algo "incompatible con el tiempo":[13] con la articulación del tiempo histórico como sucesión y conexión de flujos y secuencias que narran los procesos dibujando idas y vueltas. La tesis de lo irrepresentable del golpe sitúa al acontecimiento de la dictadura más allá de todo relato de la memoria: más allá de las superficies de inscripción que tuvieron que consignar el pasado para representarlo, ya que "es necesario, por cierto, inscribir, en palabras, en imágenes. *Imposible escapar a la necesidad de representar*. Sería el pecado mismo, el creerse santo, salvo. Pero una cosa es hacerlo para salvar la memoria y otra el intento de preservar el resto, lo olvidado inolvidable".[14] El modo en que las escrituras de la Avanzada trabajaron con las fallas y los accidentes de la representación, con la explosión de los "restos" que perforan y escinden cualquier significado de la memoria que se pretenda indemne, fue reestilizando los cortes y las fracturas de una temporalidad violenta mediante una sintaxis de lo disociado y lo inconexo, de lo no integrable.[15]

## La violencia fundacional de lo nuevo

Pese a que el término "vanguardia" deriva del léxico militar, es gracias a su rodeo por el campo del arte y la cultura modernistas que ese término se ha ido cargando de todo su

13. Jean-François Lyotard, "Los judíos", ***Confines***, nº 1, Buenos Aires, Paidós, 1995, p. 42.
14. *Op. cit.*, p. 44.
15. Esto es particularmente notorio en la poética y la narrativa de la "Nueva Escena": Diamela Eltit, Raúl Zurita (*El Purgatorio*), Gonzalo Muñoz, Diego Maqueira, etc. Véase Eugenia Brito, ***Campos minados***, Santiago, Cuarto Propio, 1990.

peso crítico-social. Al tratar el golpe del 11 de septiembre —literalmente— como vanguardia,[16] W. Thayer acorta el desvío de esta larga aventura de tensiones entre ***institución artística***, ***exploración estética*** y ***transformación social*** que caracterizó a las vanguardias, devolviendo el término a su rúbrica de origen: la militar.

¿Por qué dice W. Thayer que el golpe del 11 de septiembre de 1973 puede ser leído como vanguardia? Porque, según el autor, el golpe "realiza la voluntad de ***acontecimiento***, epítome de la vanguardia",[17] llevando la irrupción dislocante de lo nuevo a fracturar la historia y la representación. Según W. Thayer, el efecto del golpe como vanguardia sería tan rotundo que dejaría a la vanguardia artística —y su afán de trastocamiento de los signos— sin campo (propio) de significación histórica ni de justificación crítica.

Si releemos la historia de las vanguardias, vemos que esa historia se trama a partir de la noción de "campo", ya que el gesto vanguardista le debe su impulso crítico-negativo al deseo de transgredir los límites de autonomía, de diferenciación y especificidad del sistema-arte que, según la vanguardia, le impiden a la fuerza artística intervenir directamente en la sociedad. La tensión entre el intracampo (autonomía) y el extracampo del arte (heteronomía) que anima a las vanguardias depende estrictamente de la configuración de lo artístico como un subsistema que se recorta sobre el ampliado trasfondo de la praxis social.

El argumento de W. Thayer opera un traslado de planos entre el golpe militar y la Vanguardia que no respeta ni marcos ni límites de diferenciación. El golpe militar concierne a la historia de la sociedad ***en su totalidad*** y su acontecimiento de lo nuevo no conoce limitaciones de campo. Porque su dimensión es ilimitada, no puede compararse esta violencia superestructural de lo nuevo que revoluciona a la historia y la sociedad enteras con el afán vanguardista de someter a tensión crítica los ***límites de diferenciación*** que separan a la serie "arte" de las series "historia" y "sociedad". El acontecimiento del golpe de Estado del 11 de septiembre de 1973 y la emergencia de la Escena de

16. Me parece más preciso el término de "dictadura revolucionaria" que usa T. Moulian para caracterizar el golpe, que el de vanguardia. Tomás Moulian, ***Chile actual, anatomía de un mito***, Santiago, LOM/ARCIS, 1997, p. 22.
17. *Extremo Occidente*, nº 2, p. 54.

Avanzada no pertenecen a la misma serie de procesos ni de sucesos. A la sobredeterminación histórica del golpe militar, responde el proyecto neovanguardista de la Avanzada que usa la reflexividad formal y la criticidad del arte para socavar la determinabilidad de la razón histórica mediante el acontecimiento estético. Forzar la analogía estructural entre el golpe y la Avanzada diluye la tensión entre *contexto* (lo histórico-social: la dictadura) y *texto* (lo estético-cultural: el experimento neovanguardista). Confunde la macrorreferencialidad del dato histórico con el acontecimiento estético que, por medio de la obra, traslada ese dato vertical de la historia a un juego horizontal de pliegues simbólicos que desencaja el significado "golpe" haciéndolo estallar en la plurivocidad.

Es cierto que el acontecimiento violento de la novedad como ruptura caracterizó tanto el golpe militar que revolucionó la historia social como la emergencia de la Avanzada que revolucionó el campo de las artes visuales en Chile, aunque en el primer caso, el del golpe, lo nuevo hace desaparecer todo un pasado nacional mientras que, en el segundo, la "ruptura de la Avanzada con la prehistoria nacional del arte"[18] se produce en el interior (demarcado) de una tradición cultural. Resulta abusivo homologar el sentido figurado con el sentido literal de la ruptura como si ambos cortes, el dictatorial y el neovanguardista, poseyeran el mismo coeficiente físico de violencia exterminadora. Sin embargo, no puedo desconocer que, a fines de los setenta, el rupturismo de la Avanzada trabó discursivamente "una cierta solidaridad manifiesta *—aun si fuese por vía de resistencia—* con el discurso de la refundación de la historia nacional".[19]

Esto se ha discutido bastante ya. En la entrevista pubicada en el nº 1 de *Extremo Occidente*, Francisco Brugnoli comenta cómo, para él, el "pionerismo" de la Avanzada se hacía cómplice de una borradura de antecedentes (en particular, de los antecedentes de los sesenta, a cuya tradición pertenece el artista) que parecía duplicar el efecto de *tabula rasa* con que la dictadura había castigado al pasado. Quizás el efecto de violencia producido por la Escena de Avanzada derive sobre todo del "golpe de fuerza" de su

18. Pablo Oyarzún, "Arte en Chile de veinte, treinta años", en *Arte, visualidad e historia*, Santiago, Editorial La Blanca Montaña, 2000, pp. 224-223.
19. P. Oyarzún, p. 224.

discurso:[20] un discurso que introdujo, en el campo de escrituras sobre arte, "referentes teóricos que la izquierda chilena siempre ha mirado con sospecha".[21] Estos referentes (el postformalismo, el neoestructuralismo) eran convocados, desde las artes visuales, por "acometidas discursivas que combaten las nociones habituales de representación política"[22] a las que seguían fieles tanto el arte militante de la cultura partidaria como el otro polo de renovación del campo cultural chileno: el de las ciencias sociales guiado por el "historicismo gramsciano".[23] El acento no conciliador, intransigente, de la ruptura que, muchas veces, sobreactuó discursivamente la Avanzada, no sólo tenía que ver con su rebeldía vanguardista (antiacademicista) contra el pasado artístico, sino también, y sobre todo, con el antihistoricismo del giro teórico que la enfrentó al sentido común ideológico de la cultura de oposición. La Avanzada trazó —neovanguardistamente— las figuras del corte y de la ruptura para interrumpir la relación de continuidad que ligaba la izquierda artística y cultural al discurso de la representación política: son "las rupturas y desplazamientos [...] que la alejan de los viejos modelos de arte comprometido, de frentes culturales, de representación artística de partidos y/o clases sociales" las que llevan la Escena de Avanzada a *"un aislamiento socialmente percibido como vanguardismo"*.[24] En todo caso, es cierto que los primeros textos de la Avanzada,[25] demasiado impacientes y exclamativos, no se rodearon de las suficientes precauciones para distanciarse de la imagen de *"un corte limpio con el pasado como peso muerto del que hay que zafarse"*.[26]

20. Carlos Pérez Villalobos, en "Memoria. Arte y Política; una conversación entre Adriana Valdés, Carlos Pérez V. y Nelly Richard", *Revista de Crítica Cultural*, nº 22, junio de 2001, p. 49.
21. Justo Pastor Mellado, *Ensayo de interpretación de la coyuntura plástica*, 1980, versión fotocopiada.
22. *Ibid*.
23. *Ibid*.
24. José Joaquín Brunner, "Campo artístico, escena de avanzada y autoritarismo en Chile", en *Arte en Chile desde 1973*, Documento FLACSO, nº 46, Santiago, 1883.
25. En "De la vanguardia al collage", W. Thayer cita a a F. Brugnoli, quien dice: "Hasta el año 84, efectivamente, no se encuentra en N. Richard ninguna referencia a las vanguardias de los sesenta. Es recién en *Márgenes e Instituciones* que N. Richard hace justicia y da la palabra al pasado borrado". "Del aceite al collage", p. 53.



26. *Ibid*.

W. Thayer critica el programa vanguardista del "corte limpio con el pasado como peso muerto del que haya que zafarse" con el que la Avanzada se hizo estructuralmente cómplice del fundacionalismo de lo nuevo que implantó el golpe militar. El texto de W. Thayer opera el mismo corte violento —sin misericordia— que le reprocha a la Vanguardia, al dividir linealmente el tiempo entre un ***antes*** (el pasado crítico de la Avanzada condenado por él a la obsolescencia) y un ***después*** (el triunfante "final neocapitalista de la vanguardia" que entierra la anterioridad de todo pasado crítico). También W. Thayer recurre al golpismo enunciativo del ***ahora*** que instala su texto-manifiesto ("el golpe como consumación de la vanguardia") para, performativamente, liquidar el pasado y anticipar el futuro mediante un tajo cortante que separa el "desde ahora ya no" (lo político en el arte) del "desde ahora sí"[27] (el fin de la representación y la muerte de la crítica).

## "Escena sin representación" y crítica de la representación

La tesis que enmarca el texto de W. Thayer es la siguiente: el golpe militar del 11 de septiembre de 1973 produce una ruptura tan definitiva que "disuelve el estatuto de la representacionalidad". Este antecedente radical del golpe volvería "insignificante" cualquier tentativa de intervenir críticamente sobre los quiebres de la representación, "porque en 1979, cuando la Avanzada emerge, no sólo los aparatos de producción y distribución de arte, sino toda forma institucional, ha sido suspendida en una seguidilla de golpes".[28]

¿Qué duda cabe de que el golpe militar disloca violentamente todo el sistema de categorías y referencias que la épica revolucionaria de la Unidad Popular había levantado como bandera histórica, y que deja al sujeto de la historia en un desolador estado de catástrofe? La violencia de la discontinuidad con la que el golpe se instituye en siniestro acontecimiento interrumpe una gesta revolucionaria a la vez que pulveriza la representación confiada de la historia que sustentaba su emblemática nacional y popular. Pero ¿quiere decir esto que el golpe

27. *Ibid*.
28. Revista *Extremo Occidente*, nº 2, p. 54.

militar "operó la suspensión (*epokhé*) de la representacionalidad"; "que toda forma representacional ha sido suspendida" y que la dictadura deviene "una ***escena sin representación***"?[29]

Una vez desmantelado el proyecto épico-revolucionario que simbolizaba la Unidad Popular, la dictadura chilena reordena inflexiblemente el sistema de categorías y símbolos (en otras palabras, de "representaciones") que encuadran la sociedad con su lógica autoritaria de la dominación. ¿Quién podría afirmar que la Doctrina de la Seguridad Nacional — y su fanatismo del orden y la integridad— no constituye e instituye un inviolable "sistema de representación" en el que el autoritarismo represivo basa sus prohibiciones y castigos? ¿Cómo no reconocer que el ideologema de la familia —mitificado por el patriarcalismo y el militarismo chilenos de los años de la dictadura— tenía como misión reforzar el "sistema de representación" de la ideología sexual dominante? Si bien la violencia del golpe militar "des-enmarca" la representación histórica, el nuevo aparato representacional de la cultura autoritaria se encarga muy luego de reencuadrar a la sociedad chilena en la dicotomía orden/caos, para prohibir toda "salida de marco" que llamara virtualmente a la desobediencia. Sólo es posible evocar la escena de la dictadura como una escena *sin armadura* ("Seis años de despliegue de la fuerza sin ley, *sin marco*, despliegue que instala el *no marco* de la globalización; seis años de represión sin represión [...] porque el golpe, lo sabemos ahora, preparó el desborde definitivo de todo marco, incluyendo el de la dictadura"[30] [W. Thayer]), omitiendo de su institucionalidad represiva la violenta representacionalidad que nos impuso la *rigidez del encuadre* como formato de obediencia total.

En sus textos de sociología cultural sobre el autoritarismo, J. J. Brunner nos decía que el régimen militar conjugó sus efectos de disciplinamiento social mediante la doble consigna de la "modernización" (el mercado, la televisión) y la "represión" (la censura, la persecución). El golpe dictatorial es leído por W. Thayer en la dimensión de "modernización" que instrumentó el sistema neoliberal, como la "inmersión del marco en la circulación sin marco"[31] de la disolvente lógica mercantilista

29. "El golpe como consumación de la vanguardia", p. 54.
30. *Ibid*.
31. "Del aceite al collage", p. 51.

del capitalismo transnacional. Pero el texto no recuerda suficientemente la cara oculta de la represión militar que, por ejemplo, dibujó una ciudad del cerco territorial, de la vigilancia y del arresto domiciliario contra la cual se formularon las intervenciones urbanas de los años ochenta, que buscaban "instalar una nueva circulación cuyos flujos removieran el militarismo que controlaba, con una persistencia cruel, a aquellos cuerpos ciudadanos reprimidos o agobiados por los violentos aparatajes sociopolíticos con los que la dictadura chilena ensayaba sus límites".[32] Para W. Thayer, "las prácticas disolventes del sistema-arte operadas por el CADA" no harían más que "codificar lo que está fáctica y transversalmente descompaginado y cismatizado en el golpe mismo".[33] Esas prácticas no serían más que el reflejo —o el síntoma— de la "insubordinación de los signos" realizada por el golpe. Hay una confusión ahí entre lo ***destructivo*** y lo ***deconstructivo***. Nada del imaginario deconstructivo que propusieron las acciones de arte de los ochenta[34] podría haber estado contemplado en el programa destructivo de la dictadura: ni la intención de desnaturalizar los signos de la cotidianidad represiva para socavar intersticialmente el poder con el espíritu autocrítico de la sospecha; ni el deseo de abrir juegos de libertades en torno a los signos fracturados, para que una pequeña utopía emancipadora ayudara a la subjetividad del espectador a zafarse de la monótona condena a lo reglamentario. A diferencia de lo que ocurre con el golpe militar que fractura y disloca una primera vez, sin vuelta atrás, el arte reelabora la fractura y la dislocación ***protestando contra la primera vez del golpe*** (hay ahí un reclamo ético) y, además, ***rescatando lo negado por el autoritarismo de esa primera vez*** (hay ahí una decisión crítica). Sólo el arte —y, obviamente, no el golpe— se propuso usar recursos autocríticos que invitaran al sujeto bajo la dictadura a aventurarse, libertariamente, en el incesante deshacer y rehacerse de los signos abiertos a los tumultos de lo plural-contradictorio.

32. Diamela Eltit, "Cada 20 años", *Revista de Crítica Cultural*, nº 19, noviembre de 1999, p. 36.
33. "Dictadura, vanguardia y globalización", p. 254.
34. Cito aquí la ejemplariedad del trabajo de las cruces de Lotty Rosenfeld: "Una milla de cruces sobre el pavimento", 1980.

La Escena de Avanzada se enfrentó al desafío de imaginar, desde el arte, una respuesta a la condena dictatorial, abriendo resquicios de sentido en las entrelíneas del poder represivo para que circularan ciertas partículas disidentes. Pero no le bastó con transgredir el orden de representación de los símbolos dictatoriales que gobernaban el cuerpo, la ciudad y los medios. Quiso ir más allá de toda traslación inmediatista entre contingencia política y resistencia artística. Frente al modo en que la cultura de izquierda buscaba parchar los símbolos rotos por los quiebres de la representación para recomponer la grandiosidad de una cierta imagen de continuidad y tradición históricas, las obras de la Escena de Avanzada se preocuparon por recoger aquellos fragmentos y residuos que vagaban en los márgenes de las heroicas recomposiciones de su épica de la resistencia. Mientras que el arte partidario de la cultura militante recurría al léxico humanista-trascendente del metasignificado (Pueblo, Identidad, Memoria, etc.), la Avanzada recogía los fragmentos microbiográficos de imaginarios desintegrados para minar así las representaciones plenas a las que todavía adherían las totalizaciones ideológicas. Bastaría con este provocativo trabajo de fisuración crítica de la representacionalidad ortodoxa de la cultura de izquierda para acotar los límites de eficacia que justifican teóricamente el gesto de "desrepresentación" de la Avanzada que el discurso del "fin de la crítica" le niega.

## Retirada melancólica y multiplicidad deseante

W. Thayer identifica a la Avanzada con un "estrato primario, anasémico, *inoperante* (des-obrante) que, [...] más que "operar" como principio de decodificación y lectura de la institucionalidad autoritaria, [...] permanece intransitivo en las inmediaciones del golpe, *neutro ante las demandas de nuevas lecturas de signos*".[35]

Lo primero que me llama la atención en esta evocación de la Avanzada es este vocabulario de lo "inoperante" y lo "neutro" que, así narrada, evoca una escena que se abstiene, se retrae y se sustrae del trabajo con los signos. No reconozco en este vocabulario desenfatizado de la retracción y la sustracción, de la



35. W. Thayer, "Vanguardia, dictadura, globalización", pp. 255-256.

quietud, nada del clima efervescente (de incansables proyectos y afiebradas disputas) que marcó *vitalmente* los tiempos de la Avanzada. Prevalecía, muy por el contrario, el voluntarismo de un frenético deseo que, lejos de mostrarse indiferente al sentido, buscaba multiplicar los "focos guerrilleros"[36] a través del choque y la fricción de posturas en un campo de la cultura vivido agitadamente como *campo de batalla* y como *trinchera*. El combativo gasto y desgaste de energías que mantuvo a la Avanzada en constante revuelo de textos y obras llenos de preguntas sobre las actuaciones del arte en el campo de la crítica institucional tiene muy poco que ver con la imagen contemplativa de esa escena pasmada, de suspensión del sentido, a que alude W. Thayer. La pasividad de la "des-obra", del arte como "estrato de inoperancia", no guarda para mí ninguna afinidad —ni *teórica* ni *anímica*— con lo que, para bien o para mal, caracterizó a la Avanzada: el énfasis voluntarioso de un *no* que disparaba su vibrante fuerza oposicional (desde "el malestar, el resentimiento, la aversión, el rechazo [...] como política múltiple").[37] Al asociar la Avanzada a la impasibilidad o la inacción, me parece que W. Thayer se equivoca de temporalidades. Proyecta sobre la escena antidictatorial de los ochenta (una escena habitada por la *"afirmación de lo imposible" y sus excesos utópicos*), la figura postdictatorial de *"la imposibilidad de la afirmación"*[38] cuyo motivo del duelo impregna el presente de melancolía con sus síntomas de retraimiento solitario y depresivo, de falta de energía y de paralización de la voluntad. Entiendo bien que el texto de W. Thayer le atribuye valorativamente a la Avanzada esta marca de *reticencia al sentido* como un beneficio crítico, en tanto negativa a ser parte del intercambio comunicacional que "recicla" la memoria del trauma.[39] Pero la atonalidad de lo neutro

36. Adriana Valdés, "Conversación entre Germán Bravo, Martín Hopenhayn, Nelly Richard y Adriana Valdés", en *La insubordinación de los signos*, Santiago, Cuarto Propio, 1994, p. 99.
37. D. Eltit, "Cada 20 años", p. 34.
38. Estas citas provienen del refinado análisis crítico que hace el libro de I. Avelar: Idelber Avelar, *Alegorías de la derrota; la ficción postdictatorial y el trabajo del duelo*, Santiago, Cuarto Propio, 2000.
39. W. Thayer dice: "Como si la única resistencia posible fuera la inoperancia, la des-representación, el des-trabajo, la no circulación. Como si la única posibilidad fuera sustraerse a la nihilización cambiaria de la presencia que se estabiliza en la globalización. Ceder un ápice a la secundariedad (simbolización)

con la que W. Thayer retrata a la Avanzada no coincide para mí con la *"necesidad extrema de la pasión"* (G. Muñoz)[40] que movilizó sus obras en la dirección activa de un "querer" (intencionalidad, deseo) y de un "afectar" (efectuación, afectación).[41] Muy lejos del vocabulario melancólico del desfallecimiento del sentido, la Avanzada puso en movimiento un "régimen de intensidad" cuya clave energética conecta su escena al repertorio deleuziano de los flujos libidinales y las máquinas deseantes. De ahí sacó la voluntad de *intervenir* las retóricas sociales del arte, con "su inagotable actividad reformuladora de signos, continuamente permeada por la crítica de las representaciones";[42] "la multiplicidad de sus operaciones de lenguaje, así como su radical desmontaje de las nociones institucionales de la representación".[43] "Operaciones" y "crítica" que no se quedaron en "la zona traumática de la experiencia" anterior a "la secundariedad del signo"[44] que defiende W. Thayer como el grado cero del golpe. Muy por el contrario, estas "operaciones" y esta "crítica" movilizaron, en el nivel de las simbólicas institucionales, sus estrategias de deconstrucción en torno a la discursividad de los medios, las tecnologías y las mediaciones del sentido, la convencionalidad de los signos y del valor culturales.

W. Thayer define un estrato primario de la Avanzada que "se sustrae a cualquier intento de repetición o secundariedad simbólica"; que es "irreductible a la simbolización"; que se ofrece como "resta sistemática de producción y de inscripción".[45] W. Thayer defiende esta primariedad de la huella anterior a toda composición

---

sería disolverse en la indiferencia entre producción y circulación [...] El vector anasémico, la inoperancia o des-obra de la Avanzada, vector único que en el contexto de 1979 guardará posibilidades a posteriori de resistencia a lo que vendrá después: la globalización". "Vanguardia, dictadura, globalización", pp. 256-259.

40. "Gonzalo Muñoz, "Una sola línea para siempre", en ***Desacato, sobre la obra de Lotty Rosenfeld***, Santiago, Francisco Zegers Editori, 1986.
41. "De arte será hoy mi deslumbrante deseo", "nada deseo más que a mi propio deseo", leemos en el texto de D. Eltit en ***El infarto del alma***, Diamela Eltit y Paz Errázuriz (Santiago, Francisco Zegers Editor, 1994). La exaltación de la pasión es aquí el recurso tránsfuga que se salva del mundo de la reificación mercantil.
42. Gonzalo Muñoz, "Manifiesto por el claro oscuro" en ***Arte en Chile desde 1973; escena de avanzada y sociedad***, p. 56.
43. José Joaquín Brunner, ***Revista de Crítica Cultural***, nº 1, Santiago, mayo de 1990.
44. "Del aceite al collage", p. 52.
45. *Op. cit.*, p. 256.

discursiva y a toda simbolización como testimonio mudo y desnudo de la imposibilidad de representar la siniestra des-representación operada por el golpe. Pero las obras de la Avanzada se caracterizaban precisamente por querer distanciarse de la indicialidad de la presencia (de la fundamentación muda en la huella física que testimonia sin habla) mediante sofisticadas ***máquinas de lenguaje*** que travestían lo "directo" de lo vivencial con lo "indirecto" de las metaforizaciones y las alegorizaciones. Es así como el arte ensayó diversos trayectos figurativos y analíticos para crear una relación heterogénea y fluctuante entre ***cita referencial*** (la violencia de la descomposición), ***marcas de la experiencia*** (una subjetividad social traumada) y ***vectores de transformación crítica*** (montajes interpretativos y políticas del discurso). Si bien la Avanzada emerge en un paisaje de devastación del sentido, sus obras eligieron someter lo fragmentado y lo extraviado a complejas ***poéticas del residuo*** que exceden —en sus refaccionamientos lingüísticos, en sus rebuscamientos estilísticos— la mera sintomatología de "la fuerza involuntaria de las señales de vida" que, según W. Thayer, sería la única señal que el sujeto postgolpe estaría en condición de emitir a modo de "cuasi testimonio".[46] Entre las primarias señales de recuperación de vida que grafican inconscientemente el trauma en un sustrato meramente denunciante o testimonial, por un lado, y por otro, la abigarrada pulsión estética con la que ciertas obras de la Avanzada reestilizaron la carencia, media el trabajo sobre la forma y la ***representación***, es decir, sobre las transfiguraciones de la desfiguración primaria.[47] La exacerbación de la ***retórica citacional*** que usaron las obras de la Avanzada también desmiente la testimonialidad asimbólica de la "seña desnuda" que defiende W. Thayer al referirse a ella. La cita funcionaba para las obras y los textos de la Avanzada como técnica del corte, de la interrupción y la discontinuidad, cuyos fraccionamientos y reensamblajes se oponían a la armonía plena de la totalidad. Es decir que el

46. "Vanguardia, dictadura, globalización", p. 251

47. Este trabajo de refaccionamiento cosmético es especialmente notorio en el caso de Diamela Eltit, que, en *Lumpérica* (1983), hiperliteraturiza el corte y la herida —trazas primarias del dolor, en el registro humanista testimoniante— a través de una barroca y simuladora máquina del retoque, de la pose y el maquillaje, del *suplemento*. Véase Nelly Richard, "Tres funciones de escritura: deconstrucción, simulación, hibridación", en *Una poética de literatura menor: la narrativa de Diamela Eltit*, Santiago, Juan Carlos Lértora, Cuarto Propio, 1993.

procedimiento de la cita militaba, en esas obras y textos de la Avanzada, a favor de un ***antiidealismo del sentido*** que oponía las "fracturas de la representación" (exterioridad, superficie, cortes, junturas, simulación = des-identidad) a la "voluntad de presencia" (interioridad, profundidad, transparencia, plenitud = identidad).[48]

## Discurso del fin y memoria en curso

Haría falta recordar nuevamente que la Escena de Avanzada no es un conjunto homógeneo. Si bien reunía prácticas que solidarizaban entre ellas porque compartían una misma pasión de exploración conceptual y de desmontaje artístico, esas prácticas ofrecían respuestas a menudo divergentes en sus formas de abordar la relación entre arte, crítica y sociedad. Es interesante notar, por ejemplo, que el grupo CADA reconjuga la *continuidad* y la *ruptura* de un modo que desmiente el vanguardismo absoluto del deseo de sepultar el pasado y la tradición que W. Thayer proyecta sobre toda la Avanzada.[49] Además de reclamarse de un *"Arte de la historia"* que les rinde homenaje al muralismo de las Brigadas Ramona Parra como "su antecedente más inmediato" en la ocupación de la ciudad,[50] la acción "Para no morir de hambre en el arte" (1979) propone "una reafirmación de valores culturales pro-

48. Recién en "Del aceite al collage", W. Thayer enfatiza el recurso a la cita como un vector teórico en la definición del "*collage*" con el que, finalmente, identifica a la Avanzada: "El collage contemporáneo —y éste sería también el de la Avanzada— es el encuentro de dos realidades alejadas entre sí; dos realidades que estaban ellas mismas distantes de sí mismas, y que así, dislocadas de sí mismas se encuentran con otras en un plano que ni es mismo, ni es tampoco anterior a lo heterogéneo que ahí se encuentra o hace collage. Collage sin totalidad [...] La cita, el collage, contagio sin mismidad. Ni original, ni mimesis, ni poiesis, sino *cita*. [...] El collage pertenece al régimen del acontecimiento y no del ser", p. 56.
49. El texto "Del aceite al collage" introduce un importante matiz que corrige el absolutismo de la tesis del "corte simple" que, en el texto anterior, identificaba a *toda* la Escena de Avanzada con la vanguardia: "La reducción de la Avanzada a una operación de corte simple no es pertinente si condideramos el principio del collage y del palimpsesto, desde el cual operan obras como las de E. Dittborn (aeropostal), P. Marchant, *Árboles y Madres,* J. Dávila y la citacionalidad pictórica de la historia de la pintura, de la fotografía, el cómic, la pantalla, Gonzalo Muñoz (*Este, la doble sesión*), el *collage* performativo de C. Leppe, la Nueva Novela de J. L. Martínez", p. 55.
50. "Una ponencia del CADA", diario *Ruptura*, 1980.

puestos durante la Unidad Popular: el medio litro de leche, la llegada de los artistas a las poblaciones, el trabajo de los talleres culturales" que "significaban *una simbiosis entre lo nuevo y lo antes deseado, un intento de resemantizar categorías antiguas válidas desde nociones producidas en el aquí y ahora de la dictadura*".[51] Estos matices no están contemplados en el análisis de W. Thayer, que hace prevalecer el radicalismo filosofante del metaconcepto (el golpe como vanguardia, la vanguardia como golpe) por sobre las contextualizaciones de obras y posturas cuyas diferencias y oposiciones requieren una lectura analítica detallada y matizada. Estas exigencias de detalles y precisión se hacen aún más necesarias al tocar un punto clave de la tesis de W. Thayer (*representación/presencia*), ya que este punto de intersección entre vanguardia, neovanguardia y postvanguardia divide internamente a la escena de los ochenta entre el sector postformalista de la Avanzada (la "salida del cuadro") y el grupo CADA (la "salida del arte").[52]

Es cierto que una tendencia de la Avanzada, la representada por el grupo CADA, se apropió de la consigna vanguardista arte/vida y arte/política para expresar el deseo de reintegración del arte en el *continuum* de la existencia, buscando trascender la *mediación de los códigos* en la *inmediatez de lo real* para cumplir lo que el autor llama la "voluntad de presencia". Pero es igualmente cierto que algunos textos de la Avanzada criticaron abiertamente los acentos mesiánicos y profetizantes de la retórica zuritiana, su ilusión de disolver el arte —sus límites y códigos de especificidad— en el *plenum* de una sociedad indivisa ("la sociedad sin clases") de la que se habría borrado mágicamente toda lógica de separación y delimitación.[53] El giro semiótico de esos

51. Así lo analiza lúcidamente R. Canovas en "Llamado a la tradición, mirada hacia el futuro o parodia del presente", en *Arte en Chile desde 1973*.
52. Estoy aquí trasladando al interior de la Avanzada una distinción importante que marca W. Thayer en "Del aceite al collage" (p. 47) entre la "salida del cuadro" y la "salida del arte": "Vanguardistamente hablando, la poética de la salida del cuadro sería menos relevante que la poética salida del arte. En la primera no se trataría más que de un espaciamiento modernizador al interior del campo; en la segunda se trataría de disolver el arte en la transformación de la sociedad que ha hecho posible los campos separados".
53. Remito al capítulo "Una cita limítrofe entre vanguardia y postvanguardia", en Nelly Richard, *La insubordinación de los signos; cambio político, transformaciones culturales y poéticas de la crisis*, Santiago, Cuarto Propio, 1994.

textos de la Avanzada que polemizaron con la retórica zuritiana del CADA rebatía su espontaneísmo de la presencia que se basaba en una imagen de la vida autoexpresándose "naturalmente" como reverso informal y desestructurado del arte. Para esos textos que tanto insistieron en el materialismo crítico de los procesos significantes (soportes, lenguajes, técnicas, códigos), "crítica de la representación" nunca quiso decir, vanguardistamente, "voluntad de presencia" sino al revés, neovanguardistamente,[54] denuncia del mito de la transparencia referencial que proyecta la ilusión de que la realidad habla por sí misma. "Crítica de la representación" nunca fue lo mismo que "abolición de la representación". La "crítica de la representación" —que defendía esos textos— apela al develamiento de los ***efectos de representación*** con los que determinadas hegemonías culturales buscan naturalizar lo real-social para mantener fija e inamovible la relación entre significantes y significados. Y apela, además, al cuestionamiento de las figuraciones del poder a través de las cuales un referente de autoridad (político, ideológico, simbólico, sexual, etc.) ejerce el privilegio de la "representación", monopolizando el derecho de nombrar, de clasificar, de otorgar identidad, etcétera. Antes y después de la Escena de Avanzada, y por mucho que nos encontremos hoy en un universo ***post*** de completa fragmentación y diseminación categoriales, los poderes y las tecnologías comunicacionales siguen pactando sus reglas de entendimiento oficiales a través de determinados ***efectos de representación*** que construyen el verosímil de lo dominante. En un mundo todavía habitado por sujetos, discursos y prácticas que siguen enfrentándose entre sí mediante luchas materiales y pugnas in-

54. Aquí, lo de "neovanguardia" tiene la connotación de un arte que, tal como lo plantea H. Foster, a diferencia de la vanguardia, no apela a la "transgresión absoluta" desde un afuera del sistema, sino que se rige por un modelo (postmodernista, postestructuralista) de "(des)plazamiento deconstructivo" y de "interferencia estratégica", que se calcula dentro de un marco de análisis institucional.
H. Foster sugiere: "Más que cancelar el proyecto la vanguardia histórica, la neovanguardia ***actúa*** sobre la vanguardia histórica [...] de un modo que permite comprenderla quizás por primera vez"; "más que invalidar la vanguardia, lo que estos desarrollos han producido son nuevos espacios de actuación crítica e inspirado nuevos modelos de análisis institucional. Y esta reelaboración de vanguardia en términos de formas estéticas, estrategias político-culturales y posicionamientos sociales ha demostrado ser el proyecto artístico y crítico más vital de por lo menos las últimas tres décadas", p. 23.

terpretativas en torno a las asignaciones dominantes de clase, raza, sexo, género, el poder es representación y la representación es poder. Lo que W. Thayer llama "*el final neocapistalista de la crítica de la representación*" saca ventajas de la renuncia a lo político que está implícitamente contenida en el gesto de volver equivalentes entre sí el ***diagnóstico postmoderno de la crisis de la representación*** y ***el nihilismo posthistórico del fin de las luchas por la significación***. Es cierto que la noción de "representación" —en sus dimensiones tanto de duplicación/reproducción (en el arte) como de delegación/sustitución (en la política)— ha entrado en crisis. Pero reconocer esta crisis no debería llevarnos necesariamente a descreer de la posibilidad de que puedan emerger nuevos proyectos de repolitización de la subjetividad. Es posible, por un lado, celebrar el descentramiento del paradigma autoritario de la representación monocentrada (occidental, masculina, etc.) y, por otro, hacer proliferar en los márgenes de este cuestionado paradigma de autoridad las narrativas múltiples —hasta ahora sumergidas— que son capaces de imaginar "prácticas de construcción de realidad alternativas"[55] a las hegemónicamente selladas.

Para W. Thayer, el "apocalipsis neocapitalista" llamado "globalización" liquidaría las posibilidades de fugarse de la lógica sustitutiva de la mercancía, de sus leyes de degradación del valor y de anulación del sentido. Todo lo que circula por las redes de intercambio del multicapitalismo semiotizado (incluso "la no circulación que activa la circulación"),[56] estaría —según él— fatalmente condenado a la asimilación y la recuperación, a la funcionalidad de lo cambiario que disuelve la singularidad y la diferencia en la mismidad de la serie-mercado.[57] Este "diagnóstico apocalíptico" del *post* dibuja una figura soberana del Mercado

55. R. Piglia, p. 16.
56. Leemos, en "Del aceite al collage" (p. 50), que "el principio de sustraer de la circulación ciertos valores no va más allá de una estrategia del circular 'mejor' (quien mucho circula, se trajina y degrada)". De ser así, corre esta misma suerte también aquel texto que, para denunciar que la circulación es puro trajín y degradación, necesita circular.
57. Ésta es una larga discusión que sostenemos con W. Thayer sobre el tema del mercado como una totalidad que saturaría todos los pliegues de la actualidad sin que ninguna brecha ni fisura logre desestabilizar su axiomática. Véase Nelly Richard, "Las marcas del destrozo y su reconjugación en plural", en *Pensar en/la dictadura*, pp. 112-114 .

que sería capaz de controlar *todas* las fuerzas (y contrafuerzas) que atraviesan el sistema, de capturar *todas* las energías fluyentes para reciclarlas en su dispositivo de transcodificación universal de equivalencias abstractas. La *indiferenciación de las diferencias* que reina en el collage postcapitalista lograría, según W. Thayer, neutralizar cualquier voluntad de *alteridad alteradora* con la que una práctica de cambio expresa su desacuerdo con la homogeneidad capitalista.

Lo transnacional de un tiempo "de intercambio globalizado", cuyo "marasmo de lo siempre igual"[58] estaría ya contenido en "la verdad del golpe militar",[59] habría dejado instalado el supuesto de que "la globalización no es otra cosa que la nihilización de la voluntad de acontecimiento que activó a la vanguardia. La 'verdad del golpe' la experimentamos ahora, en el intercambio generalizado en que *nada promete*".[60] No deja de resultar paradójico que un autor que se ubica bajo el signo de las filosofías del acontecimiento —es decir, bajo el signo de lo intempestivo— dibuje esta clausura de lo predeterminado; una clausura que anula las fluctuaciones contingentes de lo que *todavía no es* y de lo que está siempre a tiempo de *volverse otro*. El todavía no es y el volverse otro son las condiciones de una diferencia pensada como una diferencia *en acto*, en *situación* y *en proceso*. Por el contrario, el escenario dibujado por W. Thayer es un escenario en el que todas las partidas han sido jugadas, todos los destinos han sido sancionados, todos los finales han sido anticipados por el fatalismo de la sentencia del "ya nada será posible". En rigor, la previsibilidad de la certeza del "ya nada será posible" o del "ya nada promete"[61] sólo le pertenecería a un saber total, un saber que se sabe enteramente a sí mismo y que lo sabe todo de antemano, un saber que ejerce el poder abstracto de controlar las fuerzas vivas del desorden y del cambio.

Menos mal que también es posible leer el texto de W. Thayer no desde la finitud del cierre que sentencia el nihilismo de su *post* sino desde su condición de texto inacabado y de final abierto, sin verdad consumada, como un texto que no termina

58. Thayer, "De la vanguardia al collage".
59. Thayer, p. 56.
60. "El golpe como consumación de la vanguardia", pp. 57.
61. "Vanguardia, dictadura, globalización", pp. 258.

de escribirse (*al igual que las narrativas del golpe militar y de la Avanzada*) y que, por lo mismo, se abre al futuro de la diferencia. En la última versión de su tesis expuesta en "Del aceite al collage", al hablarnos del *collage* y de los "diversos porvenires" que se dan cita en los fragmentos yuxtapuestos, W. Thayer nos dice que la "inclinación vanguardista" de la escena de arte chileno de los ochenta podría constituir uno de esos porvenires, capaz de activar una "sensibilidad deshomogeneizante en la globalización"[62] y de estimular así "la responsabilidad, la ética, la política infinita".[63] Que W. Thayer deje finalmente entreabierta la posibilidad de que la Escena de Avanzada sea no sólo un pasado sino también un porvenir al cual puede optar la crítica, que la Escena de Avanzada sea virtualmente un *devenir*, le da la razón a Hal Foster: "nada queda nunca establecido de una vez por todas. Toda primera vez es *teóricamente infinita*. Por lo mismo, necesitamos nuevas genealogías de la vanguardia que, en lugar de cancelarla, *compliquen su pasado* y *den apoyo a su futuro" mediante "una crítica creativa interminable"*.[64]

62. "Del aceite al collage", P. 57.
63. *Ibid*.
64. *El retorno de lo real; la vanguardia a finales de siglo*, Madrid, Akal, 2002, pp. 7-16.

# El régimen crítico-estético del arte en tiempos de globalización cultural[1]



En el actual paisaje de la globalización y del multiculturalismo, el eslogan de la "diversidad" —agenciado por la institucionalidad cultural metropolitana— llama a marginalidades, subalternidades y periferias a recurrir al arte para denunciar condiciones de miseria y opresión sociales, reconfigurar identidades y comunidades, visibilizar memorias históricamente sepultadas, cuestionar hegemonías de representación sexual, o bien realizar intervenciones públicas ligadas a demandas ciudadanas. El multiculturalismo ha estimulado un creciente proceso de sociologización y antropologización del arte que insiste más en la politización de los contenidos que en la autorreflexividad crítica de la forma, en la expresividad denunciante y contestataria de los significados que en la retórica significante de las poéticas del lenguaje. En el caso del arte latinoamericano, este proceso de sociologización y antropologización de la cultura implica que la mirada internacional espere de su condición periférica que no compita con el centro en artificios discursivos ni complejidades

1. Versión revisada del texto de la conferencia presentada en el Coloquio Internacional de Teoría del Arte "Real / Virtual", organizado por la UNED (Universidad Nacional de Educación a Distancia), Madrid, España, 2003.

retóricas sino, más bien, que ilustre su "compromiso con la realidad" enfatizando una mayor referencialidad de contexto.

Las instituciones culturales metropolitanas interesadas en reciclar memorias y contextos locales le confieren al arte periférico un nuevo estatuto antropológico-social y cultural-identitario que implica una tensión entre "forma" (la mirada estética) y "contenido" (el análisis sociocultural). A propósito de esta tensión, quisiera comentar aquí la siguiente cita de la crítica argentina Beatriz Sarlo:

> "Siempre que formé parte de comisiones, junto con colegas europeos y americanos, cuya tarea consistía en juzgar videos y filmes, encontramos dificultades para establecer un piso común sobre el cual tomar decisiones: ellos (los no latinoamericanos) miraban los videos latinoamericanos con ojos sociológicos, subrayando sus méritos sociales o políticos y pasando por alto sus problemas discursivos. Yo me inclinaba a juzgarlos desde perspectivas estéticas, poniendo en un lugar subordinado su impacto social y político. Ellos se comportaban como analistas culturales (y, en ocasiones, como antropólogos), mientras que yo adoptaba la perspectiva de la crítica de arte. Era difícil llegar a un acuerdo porque estábamos hablando diferentes dialectos. [...] Todo parece indicar que los latinoamericanos debemos producir objetos adecuados al análisis cultural, mientras que Otros (básicamente los europeos) tienen el derecho de producir objetos adecuados a la crítica de arte. [...] Nos corresponde a nosotros reclamar el derecho a la "teoría del arte", a sus métodos de análisis".[2]

## Universalismo y contextos

Veamos, primero, qué tiene de provocativo esta cita de B. Sarlo, si la enfrentamos a uno de los giros de la teoría postmoderna que consiste en haber impulsado, desde los márgenes de lo periférico y de lo subalterno, ciertos descentramientos del

2. Beatriz Sarlo, "Los estudios culturales y la crítica literaria en la encrucijada valorativa", *Revista de Crítica Cultural*, nº 15, noviembre de 1997, Santiago, p. 38.

canon que habían tenido la (saludable) función de ampliar el marco de la teoría estética derivada de la filosofía idealista trasladándola hacia el materialismo cultural.

Desde la crítica feminista hasta la teoría postcolonial, se han multiplicado las denuncias que revelan las arbitrariedades, las censuras y las exclusiones que, en nombre de lo "universal", fue imponiendo el canon modernista de la cultura occidental-dominante: un canon que se identifica con lo masculino, lo blanco, lo letrado, lo metropolitano, etc. La teoría feminista y la teoría postcolonial radicalizaron sus sospechas en contra de la noción de "calidad" que sustentaba el juicio estético sobre las obras de arte en una metafísica del valor universal. Ambas teorías han demostrado que el "valor" y la "calidad" son nociones históricamente determinadas (construidas a partir de sistemas de gustos, ideologías y convenciones) y, además, sacudidas por las divisiones, los antagonismos y las pugnas de intereses —de género, clase, raza, etc.— que socavan la aparente "neutralidad" tras la cual se oculta el idealismo estético basado en el dogma de la autosuficiencia de la forma.

Desmontar el canon modernista occidental para exhibir la *violencia representacional* a través de la cual lo universal impone su jerarquía a costa de los silenciamientos y las tachaduras de la diferencia, potenciar las *luchas interpretativas* que se desatan en los márgenes de la representación oficial para cuestionar su monopolio de una escala de autoridad superior, han sido tareas de la crítica postmodernista. Y esa crítica postmodernista ha tenido la notoria ventaja de forzar las instituciones del arte internacional a abrir sus fronteras —museográficas e historiográficas— a relatos no canónicos, a narrativas de la otredad, que el dogma monocultural del centro había querido invisibilizar.

Para los márgenes y las periferias culturales, es decir, para aquellas otredades que se habían visto expulsadas del dominio autocentrado de la modernidad occidental-dominante, fue vital reivindicar la diversidad de contextos, para combatir el universalismo y el imperialismo del valor. "Contexto" quiere decir aquí localidad de producción, sitio enunciativo, coyuntura de debate, particularidad histórico-social de una trama de intereses y luchas culturales que especifican el valor *situacional y posicional* de cada realización discursiva. En oposición a la síntesis homogeneizante de la "función-centro"[3] del dispositivo metropolitano, la reivindicación del "contexto" sirvió para valorar los espacio-tiempos microdiferenciados que agitan la trama viva de cada cultura.

La paradoja que parece enunciar la cita de B. Sarlo es la siguiente: después de que lo latinoamericano haya reclamado tan insistentemente su derecho al contexto, es decir, después de que lo latinoamericano haya usado su "regionalismo crítico" en contra de lo universal para desafiar el idealismo trascendental del valor estético, Beatriz Sarlo, una crítica latinoamericana, se queja ahora de que lo latinoamericano, en la escena internacional, quede restringido al "contexto" y no al "arte": a la "diversidad cultural" (a las identidades sociales y políticas) y no a las problemáticas formales y discursivas del lenguaje estético.

El primer reclamo implícito en la cita de B. Sarlo se relaciona con los abusivos modos en que una supremacía cultural (la "función-centro" del dispositivo metropolitano) monopoliza el derecho a asignarles al centro y a la periferia roles fijos y actuaciones predeterminadas. El centro se autorreserva el privilegio de la "identidad" (la universalidad del arte) mientras que le concede a la periferia el uso arquetípico de la "diferencia" tomada como una simple ilustración de contexto. La periferia es condenada por el centro a exotizar y folclorizar la imagen del Otro que le toca representar en el teatro occidental de las categorías binarias y las esencias duales. Tal como lo apreciamos en el relato de B. Sarlo, este reparto entre "identidad" (universalidad) y "diferencia" (particularidad) le permite a lo no latinoamericano

3. Decimos "función-centro" (Derrida) en lugar de "centro", para evitar la sobredeterminación topográfica de un lugar fijo. Siendo incluso un "no lugar" (debido a cómo la globalización mediática lleva flujos y acontecimientos a descontextualizarse incesantemente), la "función-centro" representa simbólicamente aquella instancia que condensa el poder de organizar "un número infinito de sustituciones de signos" y de "ponerle límite al juego de la estructura" de acuerdo con reglas de autoridad prefijadas. (Jacques Derrida, *L'ècriture et la différence*, París, Éditions du Seuil, 1967, p. 408).
La "periferia" tampoco puede entenderse ya como una ubicación fija y homogénea, ni como una polaridad absoluta que responda a lineales. Sin embargo, pese a que se han complejizado las cartografías del poder, "centro" y "periferia" marcan aún las múltiples asimetrías y desigualdades del poder cultural que segregan y discriminan identidades y representaciones.

encargarse —sofisticadamente— de la *forma* (la "crítica de arte" y la reflexión teórica sobre cuestiones de lenguaje) mientras que reduce lo latinoamericano a los *contenidos* (el "análisis cultural", el relato antropológico, la sociología de la cultura, el testimonio político).

El reclamo de B. Sarlo acusa a una clara desviación metropolitana, hecha de prejuicios y estereotipos, que supone que el arte de la periferia latinoamericana, por la contingencia histórica de las miserias sociales que le toca siempre denunciar, debe expresar vínculos más directos (*no mediados*) con la realidad. El discurso metropolitano suele exaltar la "fuerza vital" del arte latinoamericano: su "espontaneidad", su "autenticidad", como recursos "naturales" de los que la creatividad autóctona de la región saca sus energías más combativas. Esta asociación tan frecuente de la periferia latinoamericana con lo real, lo sensible y lo concreto, lo experiencial, cumple con primitivizar la imagen de América Latina a través de las metáforas del *origen* y de lo *primigenio* (naturaleza, cuerpo, vivencia), cuyas metáforas atestiguan una supuesta virginidad del continente aún no invadido por los tráficos hipercapitalistas del primer mundo: un primer mundo impuro que sueña románticamente con una otredad salvaje. Mientras que el poder de representación de la "función-centro" metropolitana se adueña de todo lo que es *simbolicidad* (abstracción conceptual y mediación reflexiva), la periferia latinoamericana queda relegada a la prediscursividad de un *más acá de los códigos* que se supone anterior al relevo de la cultura y a sus agenciamientos semiótico-institucionales. Se produce así una nueva —y perversa— "división internacional del trabajo" entre la *teoría* (lo abstracto-general del centro) y la *práctica* (lo particular-concreto de la periferia) que le impediría a lo latinoamericano, en la escena descripta por Sarlo, recurrir a los "métodos de análisis" de la "teoría del arte" que rechaza el culto latinoamericanista a la "realidad social" por considerarlos europeizantes. El arte de la periferia, al que le serían negados —por elitistas, por antipopulares— los medios teóricos del análisis crítico, queda así inhabilitado para debatir *en igualdad de condiciones* con el dispositivo del arte internacional cuyos procesos sociales de institucionalización del "valor" debe suscribir unilateralmente.

Sin duda, lo más preocupante de la escena que relata B. Sarlo no es que la crítica internacional dote al arte latinoamericano de ciertos índices de autoconciencia política, al estilo de lo que un autor como Fredric Jameson (por muy discutida que sea su tesis) llamaba las "alegorías nacionales" del tercer mundo.[4] Lo molesto es que lo latinoamericano se vea forzado por el dispositivo internacional a identificarse —*contenidistamente*— con la realidad, la experiencia y el contexto, cuando bien sabemos que —así nombrados por el dispositivo conceptual del arte metropolitano—, "realidad", "experiencia" y "contexto" son términos que llevan una carga *preteórica* que remite, de modo simplista, a la inmediatez, la vivencia y la primariedad, como manifestaciones ajenas a la autoconciencia de la forma, al juego de las técnicas y los artificios de la representación. Mientras que el centro puede darse el lujo de meditar sobre "los problemas formales y discursivos" del arte —acaparando todo lo que es *mediación* y *representación*—, la periferia es condenada por él al realismo del dato primario, a la documentación antropológica y sociológica del contexto, a las políticas de la acción y del testimonio; al trasfondo romántico-popular de una subalternidad de la que se espera que hable —sin mediación— en *vivo y en directo*. Dicho en otras palabras, mientras que el centro se reserva el privilegio de poder gozar —refinadamente— de las ambigüedades y las paradojas textualistas de la deconstrucción, el arte latinoamericano debe responder al naturalismo de la representación, a la transparencia referencial, a la explicitud de los contenidos y a la subordinación ilustrativa de lo que el "centro" entiende por "periferia". Lo mismo ocurre con las visiones neopopulistas de lo subalterno que abundan en el mundo de los estudios culturales. Esas visiones suponen que la realidad y la identidad del subalterno hablan *por sí mismas* (independientemente de los códigos de fabricación del sentido que median su puesta en discurso) y que, como tales, liberan el acceso "natural" a un conocimiento de la subalternidad que aspira a ser considerado ontológicamente superior por el solo hecho de provenir directamente de la miseria y de la opresión sociales.

Si evoco aquí el universo de los estudios culturales es porque la inquietud desplegada por la cita de B. Sarlo tiene como

4. Fredric Jameson, "Transformaciones de la imagen en la postmodernidad", *Revista de Crítica Cultural*, nº 6, mayo de 1993. Santiago.

preocupante trasfondo la constatación de que las nuevas gestiones de saberes y disciplinas, en nombre del culturalismo, diluyen los contornos de lo estético en la masa del consumo globalizado de los mercados de la diversidad cultural. La tensión entre lo "estético" (la teoricidad del arte) y lo "sociocultural" (documentos y testimonios de identidad), que se identifica a la vez con la tensión entre "centro" y "periferia" tal como la describe B. Sarlo, concierne de hecho al problema de cómo redefinir la especificidad crítica de lo artístico en un contexto postmoderno saturado por las estetizaciones del mercado.

## Un desvío latinoamericano sobre arte y memoria

Bien sabemos que uno de los rasgos predominantes de nuestras sociedades llamadas "sociedades de la imagen", "sociedades del espectáculo" o de las "tecnologías de la comunicación", consiste en que ellas juegan con los retoques de una *estetización de lo real* que nace de la "superabundancia de imágenes", del "renovado predominio de lo visual y del gusto visual".[5] La crisis epocal de temporalidad histórica y de profundidad narrativa que llevó la imagen a exaltar la simultaneidad y la contigüidad como efectos propios de una estética del *collage* ha generado un nuevo culto —deshistorizado— de la superficie que, entre otros efectos, celebra la "multiplicación de los estilos" y, también, la mezcla indiscriminada entre los "estilos artísticos" y los "estilos de vida".[6] De esta mezcla confusa surge la preocupación —compartida por varios críticos latinoamericanos— de saber cómo diferenciar *voluntad de estilo* y *estilización de la imagen-mercancía*; *deseo singular de una potencia de significación* (la obra de arte) e *intercambiabilidad neutral de los signos* (los productos comerciales).

En el paisaje mediático de la "cultura del espectáculo" donde, como lo señalaba G. Debord, la imagen toma "la forma final de la reificación mercantil", le cuesta mucho al arte diferenciarse

5. Fredric Jameson, "Transformaciones de la imagen en la postmodernidad", *op. cit*.
6. Gianni Vattimo, "El museo y la experiencia del arte en la postmodernidad" en *Estética y crítica; los signos del arte*, compiladora: Rosa María Ravera, Buenos Aires, EUDEBA, 1998, p. 101.

de la multiplicación —*ya estetizada*— de las formas y los estilos culturales que complacen la extroversión publicitaria del mundo del consumo. Este contexto de saturación icónica le plantea al arte la dificultad básica de saber cómo distinguir su *trabajo con la imagen* del resto de lo visible cotidianamente, entregado a la sobreexposición informativa y comunicativa. Frente a la hipervisibilidad mediática de la imagen estetizada por las tecnologías del capital: ¿qué puede el arte, qué puede el arte crítico? Quizás aventurarse en las zonas de secreta discordancia, de tumultuosa opacidad, donde se aloja lo más refractario al régimen translúcido de visibilidad satisfecha que acompaña el despliegue neoliberal. Dice Eduardo Gruner:

> "Es a veces imprescindible, éticamente, saber respetar, resguardar, los secretos de la representación [...] que —aunque fuera en una vertiente más o menos metafórica— oponen el Arte, en su sentido más amplio, a esa cierta *barbarie* que representa la Comunicación" ya que "la ideología massmediática de la perfecta comunicabilidad busca borrar el lugar del conflicto entre el fetichismo de la mercancía y el trabajo incontrolable del inconsciente. Si todo es 'comunicable', si todo es 'representable' [...], entonces no hay desgarramientos, no hay faltas ni agujeros en lo real que puedan ser interrogables o criticables, y todo se vuelve confortablemente *soportable* en la 'democracia' de la imagen electrónica".[7]

Al arte crítico le incumbe la tarea de explorar la sombra de estas faltas y agujeros, para dotar a sus simbolizaciones rotas de la fuerza necesaria para sustraerse al brillo de la visualidad satisfecha de las mercancías.

Si bien estas preocupaciones sobre cuál es el lugar del arte frente a la tecnocultura tienen un alcance general en tiempos de hipercapitalismo y de postmodernización de la imagen, ellas adquieren un matiz particularmente urgido y urgente cuando lo que está a punto de desvanecerse en la cultura del simulacro es, dramáticamente, la memoria de las dictaduras latinoamericanas: la *materia* del recuerdo y el *volumen* de la experiencia histórica (sus

7. Eduardo Gruner, *El sitio de la mirada: secretos de la imagen y silencio del arte*, Buenos Aires, Norma, 2001, pp. 41-80.

partículas expresivas) ligados a las convulsiones de una memoria traumática. Dice Ticio Escobar:

> "El escenario abierto en el Cono Sur americano luego de derrocadas las dictaduras militares (escenario básicamente conformado por Argentina, Brasil, Chile, Paraguay y Uruguay), se encuentra marcado de manera específica por [...] la complicidad ***política-mercado*** que suscita representaciones carentes de tensión y de riesgo, desvinculadas de una memoria alerta... Las figuras de la transición desdramatizan los hechos, registrándolas en claves de guión mediático y según narrativas políticamente rentables. Así el conflicto se vuelve evento, materia simplificada de noticiero, crónica o reportaje. ***Las formas críticas del arte buscan perturbar este paisaje conciliado con recursos de utilería mediática***. Quieren sobresaltar los clisés de la transición e inquietar las burocráticas certezas de un pacto social uniformado por los designios de la rentabilidad y los modelos de la información mediática".[8]

El recuerdo histórico y su memoria de la violencia fueron sacrificados, en muchas de nuestras sociedades postdictadoriales, por los acuerdos oficialmente tomados entre consenso y mercado que sellaron una hegemonía tecnoinstrumental de formas vaciadas de antagonismos, de relatos neutrales, de imágenes rebajadas en intensidad para que ninguna vehemencia de tono inquietara el lugar común de la reconciliación democrática que, tal como lo anota S. Sontag, necesita "ser limitada y defectuosa" en su evocación del pasado.[9] Durante la transición a la democracia, las tecnologías audiovisuales de la escena mediática consagraron el olvido postdictatorial gracias al triunfo retiniano de lo superficial como zona de impresiones pasajeras. La fugacidad del cambio y la velocidad de la sustitución que aceleran el ritmo del mercado hacen que todo lo que circula por el recuadro luminoso de las pantallas de la actualidad entre y salga rápidamente sin dejar huellas. Las alianzas tecnocomunicativas que se dieron en Chile entre redemocratización y neoliberalismo plantean un

8. Ticio Escobar, *El arte fuera de sí*, Asunción, Cav / Museo del Barro, 2004, pp. 111-113. (El destacado es de la autora).
9. Susan Sontag, *Ante el dolor de los demás*, Buenos Aires, Alfaguara, 2003, p. 134.

ideal de "sociedad transparente" que fue privando a las narrativas de la memoria de soportes de inscripción suficientemente sensibles para inscribir en ellos sus dramas del sentido, sus catástrofes de la historia, sus ruinas de la identidad, sus desarmes de la voz. Política, mercado y televisión, en las democracias neoliberales, hablan el mismo lenguaje disipador de una actualidad sobreexcitada por "el torbellino de la información donde todo cambia, se intercambia, se abre, se expande y finalmente se pierde al cabo de veinticuatro horas",[10] *incluso la memoria*. La distracción de la mirada volátil que no retiene nada duradero y que avanza mediante sucesivas borraduras de la imagen acompaña, televisivamente, esta disipación del recuerdo que busca la tecnocultura. El arte crítico necesita interrumpir, aunque sea por un momento, la velocidad de este flujo mediático, para que la festividad de lo desechable que cultiva el mercado no haga desaparecer para siempre la fantasmática de la desaparición que nace del duelo irresuelto de una memoria faltante todavía en suspenso. El arte crítico debe cambiar la velocidad de la exposición y la circulación de las imágenes para que la *dispersión en el espacio* (tecnomediática) se vuelva *concentración en el tiempo* (crítico-reflexiva), adentrándose en los recovecos que protegen el residuo opaco de la memoria de las obscenas consignas de visibilidad total de las exhibiciones de pantallas y vitrinas, para hacerse cargo de "la mediación trunca, fallida, suspendida, de lo que no admite lo visual, de lo que no soporta visión. De lo que no llega a escena ni imagen".[11]

Frente a la neoestetización banal de lo real producto de las visualidades transparentes que privilegia la cultura neoliberal, el arte debe rearticular *políticamente* y *estéticamente* la mirada para que la relación con las imágenes del pasado sea intensiva y problematizadora a la vez, descifradora y enjuiciadora, ya que las imágenes deben ser no sólo "vistas" (consumidas por la vista) sino, según nos dice S. Sontag, "examinadas" por la conciencia crítica. Es decir que las imágenes deben ser "una invitación a prestar atención, a reflexionar, a aprender, a examinar las racionalizaciones que sobre el sufrimiento [...] nos ofrecen los poderes establecidos".[12] Para quebrar la pasividad y la indiferen-

10. Paul Virillio, *El arte del motor*, Buenos Aires, Manantial, 1996, p. 63.
11. Nicolás Casullo, "Una temporada en las palabras", *Confines*, nº 3, Buenos Aires, 1996, p. 28.
12. Susan Sontag, *op. cit.*, p. 136.

cia que provienen del acostumbramiento de la memoria a la cita rutinizada del pasado, hace falta que el arte produzca alguna dislocación —perceptiva e intelectiva— en la cadena de relevos que liga *acontecimiento*, *marcas* y *texturas de lenguaje*. La criticidad de ese arte de la memoria se debe a la exacta tensión entre contenidos de representación (el "qué" del pasado) y estrategias de lenguaje (el "cómo" del recordar) para involucrar a lo transcurrido en una nueva narrativa recreadora de experiencia.

Los desafíos de un arte crítico latinoamericano que indague en los traumas políticos de su pasado histórico se topan hoy con el "boom de la memoria" (Andreas Huyssen) que celebra el contexto museográfico internacional. Esta celebración internacional del "boom de la memoria" se debe a: 1) la necesidad de recurrir a una variedad cada vez mayor de historias y pasados locales, para ampliar con imágenes siempre "otras" el repertorio de imágenes que globaliza la hibridez cultural, y 2) la tendencia a cifrar en las zonas residuales de ciertos acontecimientos traumáticos el valor de un "retorno de lo real" (Hal Foster) que signifique un reencuentro "verdadero" con los "reales" sujetos de las catástrofes históricas, como si sólo las experiencias límite contadas testimonialmente fueran capaces de quebrar la autoreferencialidad del sistema del Arte y de romper el fetichismo de los códigos que cultivan sus modas del simulacro. La curiosidad metropolitana hacia las desventuras históricas del otro periférico espera de ese otro lejano que cuente sus dramas de la memoria en una lengua más bien referencial-documental: una lengua ilustrativa de lo vivido que se ajuste a las pautas de editorialización periodística que consagra el éxito de mercado de lo testimonial. La avidez comunicativa de imágenes "reales" —de imágenes sin retoque ni mediación— que expresen el *dato* crudo de lo vivido con fuerza probatoria y denunciante tampoco se lleva bien con los rebuscamientos formales y las deconstrucciones de sentido que, en el caso del arte crítico, son acusados por el testimonialismo de exhibir una infiel conciencia del lenguaje que parecería traicionar el realismo vivencial de "la autenticidad, la identidad y la experiencia".[13] Contra la demanda naturalista de

13. Andreas Huyssen, "La cultura de la memoria: medios, política y amnesia", *Revista de Crítica Cultural*, nº 18, Santiago, noviembre de 1998, pp. 10.

transparentación del sentido que apela a la documentalidad de memorias e identidades simplificadas para el consumo informativo, no le queda otra alternativa al arte crítico que la de reforzar la complejidad semántica de las figuraciones-narraciones que traman la relación interpretativa entre *acontecimiento* y *representación*.

## La ubicuidad del margen

Volvamos a la disputa del comienzo de este texto entre "centro" y "periferia", entre lo estético (el arte) y lo político (el contexto social). Una vez refutados la metafísica del "valor" universal del arte y su absolutismo del canon moderno bajo las presiones de la crítica postmodernista, el arte internacional tuvo que mezclar lo que A. Huyssen llama el "pluralismo de la identidad cultural" con "narrativas de significados múltiples",[14] para flexibilizar así el sistema del juicio artístico y darles cabida a las emergentes narrativas de la diferencia que provienen de otros contextos.

Éste sería el punto de flexión postmoderna en el que, según Hal Foster, se produce "un desplazamiento del *criterio disciplinario de calidad*" —que regía el arte moderno— a un nuevo "*valor de interés*" cuya recepción es ahora menos "artística" que "cultural". Es decir que la mirada crítica se ha desplazado desde "las formas intrínsecas del arte" —que valoraba la tradición estética— a "los problemas discursivos en torno al arte" que el postmodernismo y el multiculturalismo relacionan hoy con "el efecto social" de la obra[15] y sus disputas respecto a la legitimidad de la escala de valoración cultural que sustenta el juicio de la recepción. Este desplazamiento culturalista del arte ha sido más que oportuno en cuestionar el idealismo del "valor" estético y su defensa elitista del canon. Pero ha traído como inevitable consecuencia algo problemático: la neutralización de la pregunta que se hacía la crítica artística respecto de la *opción estética* de una obra —de su "voluntad de forma" (R. Barthes)—

14. Andreas Huyssen, "Escapar de la amnesia; el museo como medio de masas", *Revista de Crítica Cultural*, nº 13, noviembre de 1996, p. 26.
15. Hal Foster, *El retorno de lo real*, Madrid, Akal, 2000, p. 11.

como apuesta singular a una determinada construcción de sentido que depende siempre de un ***trabajo con los medios*** cuya especificidad no es reducible al contenido político-cultural del discurso sobre la realidad que vehicula la representación. Para B. Sarlo, es indispensable rescatar el debate sobre el "valor estético" que proviene de la crítica especializada para recuperar "la densidad formal y semántica" del arte:[16] para evitar que todas las obras queden niveladas entre sí por el "relativismo valorativo" de la diversidad cultural que sólo toma en cuenta las documentaciones de identidad de las referencias contextuales sin atender la problemática del lenguaje estético.

Aunque comparto la misma preocupación que expresa B. Sarlo frente a los efectos de desdiferenciación de lo artístico que han generado los abusos culturalistas del arte identitario, no estoy muy segura de si es conveniente ubicar el tema de la mirada estética bajo la fórmula del "valor". Por un lado, el "valor" aparece como un término cargado de una nostalgia —modernista— por la autorreferencia del arte que parecería lamentar la desaparición de aquella normativa del juicio universal que antes garantizaba la selectividad del canon. Por otro lado, el término "valor" remite a toda una discusión filosófico-estética sobre fundamento, autonomía y trascendencia, y su idealismo metafísico ha decidido ignorar las batallas que el arte libra en ásperas zonas de crítica social donde la "forma" entra siempre en conflicto con la ideología y el poder. Más allá de los marcos estrictamente disciplinarios de la filosofía, la estética y la teoría del arte —que terminan identificando el "valor" con la reificación institucional de la obra—, podríamos hablar de aquel "régimen de intensidad" (G. Deleuze) que atraviesa ciertas producciones significantes para hacer vibrar la percepción, la conciencia y el deseo, y transfigurar así, desde el arte, la subjetividad social y los imaginarios culturales.

En cualquier caso es cierto que asistimos hoy a un desplazamiento que nos ha llevado desde una tradición apoyada en el "valor estético" de la obra hacia un nuevo contexto de apreciación del arte como ***discurso social*** y como ***intervención cultural***. Retomando —con otras palabras— el desafío planteado por B. Sarlo ("***¿cómo juzgar [el arte] después del relativismo [de los valores]***?"),[17]

16. B. Sarlo, *op. cit.*, p. 38.
17. Sarlo, *op. cit.*, p. 37

deberíamos preguntarnos: ¿cómo acoger la pluralidad de significados culturales que emerge de la diversidad de contextos locales y de sus nuevos procesos de descanonización artística, sin tener que renegar por ello de la preocupación crítica hacia los modelajes simbólico-expresivos del arte que les dan a las obras su espesor retórico y figurativo?

Conciliar esta doble necesidad supone, desde ya, rechazar el binarismo de una oposición simple entre, por un lado, la autorreferencia del arte y, por otro, el arte socialmente comprometido, es decir, entre la *política del significado* y las *poéticas del significante*. Las obras más complejas en el arte —las obras más interesantes por complejas: las que más se acercan a lo que H. Foster llama "el valor experimental del interés"—[18] son aquellas que, sin perder de vista la criticidad del lenguaje artístico como "forma", llevan la mirada del espectador a preguntarse, al mismo tiempo, por los usos políticos del significado cultural que ideologizan o desideologizan la mirada. Estas obras requieren ser leídas desde la relacionalidad móvil de una especie de "tercer espacio" que conjugue, por un lado, la especificidad crítica de lo estético y, por otro, la dinámica movilizadora de la intervención artístico-cultural.[19] Un "tercer espacio" que, en el caso latinoamericano, debe además evitar el binarismo simple de la oposición "centro"/"periferia", recurriendo para esto a la *ubicuidad* y la *oblicuidad* del margen en su doble capacidad de desplazamiento y de emplazamiento tácticos. Según las coyunturas del debate internacional en las que decide intervenir, la crítica latinoamericana puede elegir sobreacentuar lo "estético", o bien, inversamente, lo "político-social". En algunas circunstancias, la crítica latinoamericana puede apelar a la "diversidad del contexto" como un argumento político en contra de cualquier idealismo del valor universal. En otras circunstancias, puede reivindicar lo contrario: el derecho textualista a ejercer un necesario deconstructivismo de la representación que critique el naturalismo de lo latinoamericano con el que el arte internacional trata al "contexto" cuando de periferia se trata. Sólo la ubicuidad y la oblicuidad tácticas del

18. H. Foster, *op. cit.*, p. 60
19. Tomo esta formulación "respecto de la necesidad de encontrar un terreno entre la movilización y la especificidad" (Yúdice) de la cita que hace el autor de Miwon Kwon, en George Yúdice, *El recurso de la cultura. Usos de la cultura*, Barcelona, Gedisa, 2002, p. 382.

margen son capaces de hacer que lo latinoamericano deje de ser una categoría pasiva (una "diferencia diferenciada": una diferencia nombrada y clasificada por el sistema de arte internacional) para convertirse en una "diferencia diferenciadora": una diferencia que toma la iniciativa de formularse a sí misma como un "acto de enunciación"[20] y que, al hacerlo, se rebela contra los sistemas de categorías y funciones preestablecidas. La alteridad de una "diferencia diferenciadora" ejerce una potencialidad de extrañamiento en los sistemas de traducción interculturales que tiene la virtud de abrir las representaciones del "centro" y de la "periferia", de la identidad y de la diferencia, a los pliegues móviles de la intersticialidad.

20. Homi Bhabha, "Hybridité, hétérogénéité et culture contemporaine", Catalogue *Magiciens de la terre*, Centre Georges Pompidou, 1989, p. 27.

# Estudios visuales, políticas de la mirada y crítica de las imágenes[1]



En 1996, Rosalind Krauss y Hal Foster, miembros del consejo editorial de la prestigiada revista norteamericana *October* formulan un "Cuestionario sobre cultura visual" que va dirigido a varios historiadores del arte, teóricos de cine, críticos literarios y culturales.[2] Ambas figuras —las de R. Krauss y H. Foster— son bien conocidas por sus recelos antipopulistas y por la desconfianza que han manifestado en varias oportunidades hacia el auge museográfico del arte de las "políticas de identidad", que ambos consideran un arte demasiado subordinado a las consignas más banales del multiculturalismo. Ambas figuras son reconocidas, también, por sus declaradas preferencias hacia prácticas artísticas de corte deconstructivo, que insisten en la autorreflexividad del significante y la crítica de la representación. Lo que motivó este alarmado cuestionario de Krauss y Foster en la revista *October* fue el relativo éxito académico de nuevos programas

1. Esta conferencia fue leída en el Seminario Internacional "Educar la mirada; políticas y pedagogías de la imagen", organizado por FLACSO-Argentina en Buenos Aires, junio de 2005.
2. Los materiales de este cuestionario fueron traducidos y republicados en la revista *Estudios Visuales*, nº 1, CENDEAC, Murcia, noviembre de 2003, dirigida por José Luis Brea.

transdisciplinarios llamados "estudios de la cultura visual", o bien "estudios visuales": unos programas que, al favorecer a la cotidianidad mediática como entorno generalizado de creación y de difusión de las imágenes, tenderían a rebajar la intensidad de la pregunta por la condición estética que rodeaba al arte

En su definición más general, los "estudios visuales" se proponen analizar el universo de las imágenes en sus más variadas formas de tecnologización, de mediatización y socialización, cualesquiera que sean la procedencia y circulación de estas imágenes (el arte, la publicidad, el diseño, la moda, la televisión, el video, el cine, Internet, las cámaras de vigilancia, etc.), sin otorgarle mayor sentido a la diferencia entre arte y no arte en la que se basaban tradicionalmente la historia y la teoría artísticas para demarcar lo "estético". Esta diferencia entre arte y no arte perdería ahora su jerarquía de valor, al quedar sumergida en una nueva constelación expandida de lo visual que abarca todas las formas de ver, de ser visto y de mostrar, es decir, todo lo que es fenómeno de visión, dispositivo de la imagen y comportamiento de la mirada en la vida diaria.

Lo más apremiante del cuestionario elaborado por R. Krauss y H. Foster concierne a lo siguiente: ¿este creciente nivelamiento de lo visual que desprioriza lo estético indica necesariamente que "***los estudios visuales están ayudando, en su modesta medida académica, a producir sujetos para la nueva fase del capital globalizado***"?[3] Krauss y Foster se preguntan, de hecho, si los estudios visuales no estarían contribuyendo, por vía de la promiscuidad, a la desaparición de aquella reserva crítica que, en nombre del arte, permitía tomar distancia frente a la economía política del signo-mercancía que prolifera a través de la cultura de las imágenes. Sus preguntas atañen a las actuales relaciones entre ***cultura visual, políticas de la mirada y crítica de las imágenes*** en el contexto de la globalización comunicativa que ha debilitado la potencia remecedora del arte al estandarizar el consumo de los estilos según las reglas informativas del mercado de las comunicaciones.

3. "Cuestionario sobre la cultura visual", publicado en la revista *Estudios Visuales*, nº 1, p. 82. (El destacado es de la autora).

## La angustia de la contaminación

Hace algunos años, el debate que monopolizaba la atención de los congresos académicos internacionales era aquel que se daba reiteradamente entre estudios culturales y estudios literarios. Según los defensores de los estudios culturales, haber logrado sacar a la textualidad del ámbito reservado —selectivo y excluyente— de la "literatura" al que lo confinaba la tradición humanista de la modernidad ilustrada le ofrecería al trabajo académico una salida abiertamente democratizadora. Los defensores de los estudios culturales reivindican que éstos aprendieron de la teoría literaria a descifrar e interpretar los discursos en su dimensión semiótica y retórica, y luego a trasladar esos instrumentos refinados hacia materiales heterogéneos, no canónicos, que habían sido tradicionalmente rechazados por la escala de valoración estética que hegemoniza el aparato llamado "estudios literarios". Con el auge de los estudios culturales, cundió un proceso de semiotización del cotidiano que llegó a darle categoría de textualidad a cualquier tipo de realización discursiva y de práctica social, independientemente de las maniobras significantes que guiaran su producción formal e intencionalizaran su recepción cultural. Apoyado en los descentramientos del canon operados por el postmodernismo, invadió el campo de los análisis de la cultura un desfile de prácticas e identidades que, en nombre de lo popular, lo subalterno, lo postcolonial y lo feminista, se tomaron el derecho —antes negado— de ser objetos válidos de lectura académica en el mundo de las disciplinas universitarias. La orientación sociologista y antropologista de los estudios culturales elevó a la categoría de "texto" los materiales que habitualmente despreciaban los literatos por considerarlos meros documentos de identidad que carecen de aquella potencia estética que, a través de las elaboradas maniobras de códigos del arte y de la literatura, exalta la autoproblematicidad del lenguaje.

Traigo a colación este debate entre estudios literarios y estudios culturales porque ofrece varios parecidos con el que se presenta aquí entre, por un lado, las disciplinas tradicionales de la "historia del arte" y la "teoría del arte", y, por otro, la novedad transdisciplinaria que representarían los "estudios de la cultura visual".

Bien sabemos que una de las funciones de las disciplinas es la de definir y controlar las reglas de validez de la relación objeto/conocimiento que, epistemológicamente, las constituye. Pero, además, las disciplinas regulan los sistemas de legitimación del poder académico a través de múltiples estrategias de reforzamiento y conservación de la autoridad del saber. No es de sorprenderse entonces que, al igual que lo ocurrido en el debate entre los estudios literarios y los estudios culturales, las disciplinas de lo estético (la teoría y la historia del arte) tiendan a percibir la invasión de los estudios visuales como una amenaza que atenta contra la integridad del valor "arte", pudiendo llegar incluso a desmantelar el capital simbólico-cultural que su tradición acumuló en la academia. Como siempre, lo que está en juego es la relación conflictiva entre la *conservación de lo existente* y la *irrupción de lo nuevo*, con todas las disputas territoriales que esto implica en el interior de la academia para defender la hegemonía de ciertos aparatos disciplinarios frente a prácticas emergentes que aspiran a remover y disolver las sedimentaciones oficiales que va consagrando el canon. Algo de la actual disputa entre la teoría del arte, por un lado, y, por otro, los estudios visuales, se vincula directamente a estas guerras entre poder académico (reproducción) y fuerza irruptora (dislocación). Pero más allá de los litigios académicos que siempre se dan en torno al poder disciplinario, esta nueva disputa de saberes y miradas acusa un real cambio epocal: un cambio según el cual la apertura hacia el "mundo-imagen" que plantean los estudios visuales obliga a las disciplinas estéticas —hasta ahora autorreferencialmente cerradas sobre el valor "arte"— a redefinirse en un contexto de amplias mutaciones tecnológicas y socioculturales que han trastocado definitivamente las formas del ver. Dice Martin Jay:

> "Los defensores de la cultura visual han extendido su campo de acción para incluir todas las manifestaciones de experiencias ópticas, todas las variantes de la práctica visual. Desde un cierto punto de vista, el de los guardianes de los conceptos tradicionales de conocimiento visual y la pureza de la estética, el cambio está lleno de peligros. Aceptando con júbilo la premisa antropológica de que el significado cultural puede estar en cualquier sitio, las distinciones jerárquicas se han desploma-

do... *Ya no es posible adherirse de forma defensiva a la creencia en la especificidad irreducible del arte visual que la historia del arte ha estudiado tradicionalmente de forma aislada respecto a su contexto más amplio*... La remarcada y amplia crisis de la institución-Arte, que afecta a todo, de las obras de arte a los museos, a las políticas culturales o el mercado del arte, ha significado que la presión para disolver la historia del arte en la cultura visual ha sido un proceso ***tanto interno como externo***, surgidos de los cambios producidos dentro del arte mismo y no únicamente como resultado de la importación de modelos culturales de otras disciplinas".[4]

Varios practicantes de los estudios visuales consideran que debemos darles la más entusiasta bienvenida a estos nuevos estudios transdisciplinarios por el simple hecho de que, al incluir —además de las "obras"— a toda clase de objetos visibles y de prácticas de visualización, ellos nos ofrecen una expansión del campo perceptivo y comunicativo de lo visual que desensimisma a la teoría del arte: que la saca de su autosuficiencia al hacerla dialogar con la imaginería postmodernista de todos los días que ha invadido lo artístico mediante un contagio de imágenes e imaginerías que el arte ya no puede seguir ignorando. Sin embargo, para otros, el solo hecho de juntar las prácticas artísticas con las prácticas cotidianas en un universo parejo de circulación social de las imágenes, con el pretexto de romper con el elitismo del canon, anularía el sentido de la pregunta por la criticidad del arte, ya que subordina todo lo visual (formas y estilos) al único estándar del "consumo" que indiscrimina el valor de las imágenes al confundir sus series de procedencia y distribución.

Las posturas más interesantes, en este debate en torno a los estudios visuales que recoge ***October***, parecerían ser aquellas que buscan superar esta oposición simple entre dos extremos: por un lado, la autonomía de lo estético (demarcada por rasgos de absoluta especificidad del valor y resguardada por la pureza de las disciplinas que teorizan el arte) y, por otro, la disolución completa de esta autonomía artística en la estetiza-

4. Martin Jay, "La cultura visual y sus vicisitudes", en *Estudios Visuales*, pp. 98-100. (El destacado es de la autora).

ción masiva del cotidiano con el relajo consiguiente de toda tensión crítica entre lo artístico y lo no artístico. Para mantener esta necesaria tensión, Keith Moxey propone lo siguiente:

> "En lugar de ver el ascenso del estudio de las variadas, y a menudo populares, formas de producción de las imágenes —en las que el arte está incluido junto a otros tipos de productos visuales— como una amenaza potencial al arte como institución, yo defendería que ***el valor de estas yuxtaposiciones visuales está en comparar y contrastar el estudio de cada género***... La importancia de comparar el estudio de la pintura con, digamos, el estudio de la televisión, o de la publicidad, está en la comprensión de las diferentes maneras en que los estudiosos y los críticos crean significado desde cada medio... *El estudio de la cultura visual insiste en que no hay nada natural o universal en lo que concierne al valor estético, aunque el estudio del arte, como opuesto a otro tipo de imágenes, puede iluminar el significado particular asociado a la idea de valor estético en diferentes culturas y en diferentes momentos*".[5]

La contrastación sostenida entre lo artístico y lo no artístico, dentro de los estudios de la cultura visual, serviría para demostrar el carácter históricamente construido —y socialmente deconstruible— de las afirmaciones del valor estético. Serviría también para revisar los sistemas de valoración social del arte —sus criterios de distinción— según las formaciones culturales en las que institucionalmente se generan, descartando de partida cualquier absolutismo del "valor" o de la "calidad" universales.

Está bien afirmar la necesidad de preservar una diferencia entre lo artístico y lo no artístico, y también insistir en lo no absoluto de esta diferencia que, lo sabemos, varía según los desplazamientos de contextos que transforman los límites de la institución-Arte. Sin embargo, queda pendiente saber cómo definir hoy el arte crítico y la mirada política a los que Krauss y Foster les encargan la misión de contrariar la hegemonía del mercado que cultiva "lo sublime capitalista", frustrando el diseño sumiso de los sujetos y las agencias que programa "la nueva fase del capitalismo globalizado" a través de sus industrias del consu-



5. Keith Moxey, "Nostalgia de lo real", en *Estudios visuales*, p. 45.

mo cultural. ¿Cómo redefinir críticamente lo artístico cuando mirada e imagen, bajo el auge postmodernista, parecerían haber sido ambas desactivadas por la fusión de lo económico y lo cultural que se consagra en los actos de consumo y de simbolización del consumo, una fusión que masifica la recepción de los productos y mensajes que aspiran a circular livianamente por las redes del intercambio tecno-comunicativo sin verse interrumpidos por ninguna pauta reflexiva?

## Estudios visuales y crítica de la mirada

Los estudios visuales fundan su primera necesidad de existir como disciplina en el reconocimiento de que la cultura postmoderna de la globalización capitalista es una ***cultura de la imagen***; una cultura que deriva del predominio cotidiano de lo visual en las formas de percibir el mundo y de interactuar con él. El postmodernismo como "dominante cultural" (F. Jameson) está marcado por la omnipresencia de las imágenes en el mundo tecnologizado de la comunicación mediática que sustituye el cuerpo de lo real por los signos inmateriales que proyectan redes y pantallas. Si lo que define a la globalización capitalista es la mediatización de la imagen como sustituto de la realidad económica y cultural que se exhibe en circuitos de alta visibilidad y exposición, el campo de los estudios visuales serviría —según sus practicantes— para medir la extensión de los cambios perceptivos y comunicativos que introducen estas nuevas tecnologías de lo visible en nuestras organizaciones cotidianas del sentido. Sin los estudios de la cultura visual, no tendríamos cómo dimensionar —en el nivel de las disciplinas académicas— la magnitud del salto que ha introducido el capitalismo de la imagen en las formas sociales y las mediaciones culturales del presente tecnologizado. Pero al arte crítico no le basta con que los estudios de la cultura visual describan los efectos socioculturales de este salto, ya que busca imaginar nuevas políticas de la mirada que insubordinen la visión frente a la espectacularización de las imágenes que aplaude el capitalismo de consumo.

Los teóricos de la postmodernidad han subrayado que hoy la realidad se autocomenta paródicamente como una imagen de imágenes, luego de constatar la disolución del referente (el cuerpo de lo real) que guiaba —modernistamente— la actividad de la representación. El referente —la realidad— se disipa cada vez más al perderse en múltiples cadenas de signos que se funden miméticamente unas con otras hasta producir un completo nivelamiento de significados y significantes. La falta de distancia y de profundidad que produce esta reverberación semiótica de los códigos que se diluyen en puros efectos de superficie indicaría que lo *imaginario* ha triunfado sobre lo *simbólico*. Lo "imaginario" como la proyección psíquica que construye su mundo de la fantasía sobre la base de reflejos pero, también, lo "imaginario" como la cultura de las imágenes, es decir, como el predominio de lo visual sobre lo textual, de la *planitud de las formas transparentes* sobre el *volumen de los significados quebrados*. Algunos celebran la desaparición de este paradigma del lenguaje simbólico que estructuraba verticalmente el yo de la representación y su reemplazo por una nueva proliferación visual de imágenes que se desplazan horizontalmente según enlaces variables de simple contigüidad. Este cambio —cito a Celeste Olalquiaga— traería el beneficio de "una posible subversión de la autoridad sobre la que lo simbólico descansa y [...] de las jerarquías de poder que lo articulan",[6] al dar lugar ahora a asociaciones fluctuantes y a pertenencias móviles cuyas identidades ya se zafaron del peso totalitario de los significados trascendentales. Incluso para ciertos teóricos de la globalización, como Arjun Appadurai, los nuevos medios de comunicación que trasladan fluidamente los signos de redes en pantallas y de pantallas en redes activarían "la imaginación" vía "las imágenes" y "lo imaginario". Dice Appadurai:

> "debido a la multiplicidad de las formas que adoptan (el cine, la televisión, las computadoras) y la velocidad con que avanzan y se instalan en las rutinas de la vida cotidiana, los medios de comunicación electrónicos proveen recursos y materia prima para hacer de la construcción de la imagen del yo un proyecto social cotidiano".[7]

Gracias al mercado audiovisual, sería posible —según este autor— jugar con matrices de identidad versátiles cuyas

6. Celeste Olalquiaga, ***Megalópolis,*** Caracas, Monte Ávila Editores, 1991, p. 27.
7. Arjun Appadurai, ***La modernidad desbordada***, Montevideo, Trilce, 2001, p. 19.

narrativas cambiantes y fragmentadas estarían disponibles casi para todos gracias a la desterritorialización de los símbolos que ha operado la cultura transnacional. Pero este mercado de las representaciones culturales que difunden los mercados del ocio y del entretenimiento recurre a guiones demasiado simples, a narrativas demasiado esquemáticas, a usos estereotipados de la identidad y la diferencia, para capturar la fantasía de sus masivos —y enrolados— consumidores. Le toca precisamente al arte crítico oponerse a estos esquematismos de representación que se reflejan mediáticamente en imágenes livianas, vaciadas de todo conflicto de significación e interpretación, es decir, en "imágenes sin huellas, sin sombras, sin consecuencias".[8] Una de las misiones del arte crítico es devolverles peso y gravedad a las imágenes, reintroduciendo los ***pliegues*** de lo simbólico (hendiduras y rasgaduras) en el decorado visual de la plana imaginería del consumo que hoy le sirve de ambientación a la globalización capitalista.

Volvamos a la inquietud principal de Foster y Krauss quienes se preguntaban, en el cuestionario de la revista ***October***, si la cultura visual y los estudios sobre ella (unos estudios que rebajan la diferencia entre lo artístico y lo no artístico a favor de un interés común —y horizontal— hacia toda clase de imágenes) no estarían fatalmente condenados a producir en forma masiva "sujetos para la nueva fase del capitalismo globalizado", es decir, sujetos obedientes a las nuevas diagramaciones culturales de una "transestética de la banalidad" (Baudrillard) cuyas retóricas publicitarias han despolitizado la mirada, haciéndola cómplice del generalizado vaciamiento del sentido que escenografía el ***collage*** postmodernista.

¿Cómo repolitizar la mirada del espectador sobre las imágenes mediante algún tipo de experimentalidad crítica que desajuste el monopolio visual de las industrias simbólicas que hacen circular la forma-"mercancía"? ¿Cómo romper con la unidimensionalidad de la experiencia a la que nos obliga el culto irreflexivo de las formas? Creo que, para responder a este desafío, son al menos dos las tareas que no deben abandonarse: 1) la de desnaturalizar el sentido, quebrando el falso supuesto de la inocencia de

8. Jean Baudrillard, *La transparencia del mal*, Barcelona, Anagrama, 1991, p. 23.

las formas y denunciando la aparente neutralidad de los signos tras la cual las ideologías culturales disfrazan sus tomas de partido y sus luchas de fuerzas, 2) la de trazar vectores de subjetivación alternativa que potencien la ***alteridad en tanto fuerza de desclasificación*** en contra de las uniformaciones seriales, la programaticidad del sentido, las ortodoxias de representación, los guiones identitarios predeterminados, las asignaciones fijas de papeles y categorías homogéneas. Un arte crítico debería impulsarnos a desorganizar los pactos de representación hegemónica que controlan el uso social de las imágenes, sembrando la duda y la sospecha analíticas en el interior de las reglas de visualidad que clasifican objetos y sujetos. También debería aspirar a desatar una revuelta de la imaginación que mueva las significaciones establecidas por los repertorios oficiales hacia bordes de no certidumbre y de ambigüedad del sentido, cuya experiencia de la sorpresa haga que la relación mirada/imagen se torne siempre otra para sí misma. Tanto la deconstrucción analítica como la imaginación crítica en torno a las fracturas entre los signos son modos de rebeldía que le niegan poder de intimidación a la abstracción del hipercapitalismo como "sistema total" que se autorrepresenta en la lógica indesmontable de su sistematicidad absoluta.

Hay un capitalismo de la imagen cuyo mundo sin cualidades ha sido pulido por las estéticas de la comunicación que prefieren la lisura de las superficies operativas a los quiebres y dobleces del pensar insatisfecho. El arte crítico debe rasgar esas superficies demasiado lisas con *marcas* que abran huecos (de distancia y profundidad, de extrañeza) en la planicie de la comunicación ordinaria. Por muy interesados que estén en analizar la cotidianeidad mediática de la globalización capitalista y su imperio tecnológico de la visualidad, los estudios visuales no deberían cerrar la posibilidad crítica de un arte del *descalce* y del *intervalo*, de la *fisura opaca:* un arte que recurre a lo estético para darles potencia significante e intensidad expresiva a aquellos hechos de la significación que se niegan a convertir su forma en puro valor-circulación.

Apostar a un arte crítico se hace difícil en un mundo donde, como dice F. Jameson, "lo estético lo impregna todo", razón por la cual "lo que solía llamarse filosóficamente la distintividad o especificidad de lo estético [...] tiende, ahora, a difuminarse o a perderse completamente. Si todo es estético, no tiene mucho sentido evocar una filosofía distinta de lo estético: si toda la realidad ha devenido profundamente visual y tiende a la imagen, entonces, en la misma medida, se torna más y más difícil conceptualizar una experiencia específica de la imagen que se distinguiría de otras formas de experiencia".[9] No se trata de retornar a la nostalgia fetichizante de la "obra" en el sentido tradicional que acuñaron las Bellas Artes: de la obra como resultado cosificado al que se le otorga valor de "producto", separándola del juego de desplazamientos y emplazamientos discursivos que arma la dinámica del proceso creativo. Es necesario salirse de la ideología de la "obra" para defender el arte como "ejercicio", es decir, como "el movimiento procesual que conduce a la obra de arte"[10] pero que siempre desborda y transgrede su realización porque la energía transformacional de su productividad significante funciona como el excedente inagotable que no puede capturar enteramente ni la institucionalidad ni la convencionalidad artísticas. Contra toda entrega prediseñada del sentido, el arte crítico busca "diseminar una concepción del significado como algo producido activamente y no como algo pasivamente (institucionalmente) recibido",[11] haciendo vibrar una permanente oscilación del sentido entre lo ***representado*** y lo ***des-representable*** que convierte a la percepción en un juego de hipótesis de lecturas. Para que la crítica pueda meditar sobre cómo esta oscilación del sentido es capaz de subvertir la reificación de la obra cautiva de la institucionalización del arte, es necesario liberar un territorio de relativa autonomía dentro del mundo de la cultura visual que no quede entregado al simple consumismo de la imagen: un territorio de "autonomía estratégica" (como la llama H. Foster)[12] desde el cual preguntarse ***cómo*** trabaja la diferencia que les otorga a determinadas realizaciones visuales una complejidad significante que no poseen las imágenes de la actualidad trivialmente recicladas por las industrias de la comunicación. Ese ***cómo*** puede tener que ver, por ejemplo,

9. Fredric Jameson, "Transformaciones de la imagen en la posmodernidad", ***Revista de Crítica Cultural***, nº 6, noviembre de 1993, p. 16. (El destacado es de la autora).
10. Mario Perniola, ***El arte y su sombra***, Madrid, Cátedra, 2002, p. 91.
11. Hal Foster, "Recodificaciones: hacia una noción de lo político en el arte contemporáneo", en ***Modos de hacer. Arte crítico, esfera pública y acción directa***, Salamanca, Ediciones de Salamanca, 2001, p. 98.
12. H. Foster ("The Archive without Museum"), citado por A. M. Guasch, p. 5 .

con la ***objetualidad de los medios***, es decir, con la corporeidad significante de ciertos montajes que contradicen el optimismo que manifiestan los estudios de la cultura visual frente a las tecnologías de lo incorpóreo por las que fluye sin cesar la visualidad electrónica, como en el caso del "net art".[13] El arte crítico hace, en efecto, que "la dimensión material del objeto sea al menos potencialmente un lugar de resistencia de lo irreductiblemente particular, y de lo subversivamente extraño y placentero. Es [...] al menos virtualmente un fondo de oclusión dentro del suave funcionamiento de los sistemas de dominación incluidos el mercado: [...] un fallo en la web mundial de imágenes y de representaciones".[14]

Es cierto que los estudios de la cultura visual nos ayudan —saludablemente— a rebajar la trascendencia universal del juicio estético, sugiriéndonos que el arte es sólo una forma entre otras de producción visual, por mucho que esta forma haya sido culturalmente distinguida por una determinada ideología del valor "arte". Pero esta constatación relativizadora —que desjerarquiza la superioridad de lo estético— no debe impedir el reconocimiento de que ciertas formas de trabajar con los signos (las del arte) saben producir ***vibraciones intensivas*** en contra de los lenguajes uniformes del diseño, de la publicidad y de los medios, haciendo que sus formas introduzcan la ambivalencia en los juegos seriados de la equivalencia homogénea, para ***inquietar*** —en lugar de ***aquietar***— la mirada.

Mientras que la seducción blanda del mercado visual busca acercarlo todo, poner todas las imágenes al alcance de la vista para su consumo fácil en la inmediatez de lo disponible y lo mostrable, el arte crítico trabaja con la reticencia de la mirada frente a la obviedad de lo que se exhibe sin secretos ni enigmas de la representación. El devenir político de la forma-arte consiste en querer empujar la mirada hacia los bordes de tumulto y discordia del sentido irreconciliado, sabiendo desde ya que ninguna forma coincide plácidamente consigo misma, a diferencia de lo que pretende la lengua operacional de la tecnocultura que obliga a las imágenes a coincidir pasivamente con su finalización en el consumo.

13. Vale la pena, sin embargo, recordar que "mientras Internet es el tema y el medio de los nuevos cursos sobre cultura digital, sorprende a cualquiera que haya visitado Internet lo pobre que puede resultar un portal visualmente hablando". Susan Buck-Mors, en *Estudios visuales,* p. 87.
14. Carol Armstrong, en *Cultura visual*, p. 85

# Dramas y tramas de la memoria

# Roturas, enlaces y discontinuidades[1]



De todo el repertorio simbólico de la historia chilena reciente, la figura de la memoria ha sido la más fuertemente dramatizada por la tensión irresuelta entre recuerdo y olvido, y también, entre latencia y muerte, revelación y ocultamiento, prueba y denegación, sustracción y restitución, etc., ya que el tema de la violación a los derechos humanos ha puesto en la filigrana de la narración chilena del cuerpo nacional la imagen de sus restos sin hallar y sin sepultar. La falta de sepultura es la imagen *sin recubrir* del duelo histórico que no termina de asimilar el sentido de la pérdida y que mantiene ese duelo inacabado en una versión transicional.[2] Pero es también la condición metafórica de una temporalidad *no sellada*, inconclusa: abierta, entonces, a la posibilidad de ser reexplorada en sus capas superpuestas por una memoria activa y disconforme.

1. Versión revisada del capítulo "Roturas, memoria y discontinuidades (homenaje a Walter Benjamin)" de *La insubordinación de los signos; cambio político, transformaciones culturales y poéticas de la crisis*, Santiago, Cuarto Propio, 1994.
2. Véase Alberto Moreiras, "Postdictadura y reforma del pensamiento", *Revista de Crítica Cultural*, nº 7, Santiago, noviembre de 1993.

En el desmembrado paisaje del Chile postgolpe, son tres las secuencias de roturas, desconexiones y reenlaces que vinculan memoria e historia. Primero, el violento recuerdo de la toma de poder de 1973, cuyo quiebre histórico seccionó y mutiló el pasado anterior al corte que el régimen militar impone como fundacional. Segundo, las luchas antidictatoriales por la recuperación del sentido de la historia que le tocó librar a la cultura de oposición en medio de la fragmentación de los símbolos de pertenencia comunitaria. Tercero, el desafío de reunificar a una sociedad traumáticamente dividida por el odio suturando los bordes de la herida que separan el castigar del perdonar.

Pero no habría que resumir la memoria de la historia chilena del último período a una secuencia lineal y progresiva de gestos uniformemente convergentes hacia un solo y mismo resultado: el de devolver *un* sentido (su *único* y *verdadero sentido*) al corpus histórico-nacional desintegrado por el quiebre militar. Semiocultos en la trama que urde la historia más residual de estos quiebres del pasado, se esconden los hilos aún clandestinos de ciertas memorias críticas que se rebelaron contra el determinismo ideológico de un pasado guiado por racionalizaciones finales y totales. Si algo debe quedarnos como lección del reaprendizaje de la memoria que cuerpos y lenguajes practicaron en el Chile de la destrucción y la reconstrucción, es saber que el pasado no es un tiempo irreversiblemente detenido y congelado en el recuerdo según el modo de lo *ya sido*. El pasado es un campo de citas atravesado por voluntades oficiales de tradición y continuidad pero, al mismo tiempo, por discontinuidades y cortes que frustran cualquier deseo unificante de un tiempo homogéneo. Sólo hace falta que ciertos trances críticos desaten formulaciones heterodoxas, para que las memorias trabadas de la historia desaten el nudo de sus temporalidades en discordia.

La dramatización de la memoria se juega hoy en la escena de la contingencia política que levanta el tema de las violaciones de los derechos humanos. Pero la problemática de la memoria estaba ya presente como subtrama en el arte chileno cuando, bajo la dictadura, memorizó la desposesión a través de un alfabeto de la sobrevivencia: un alfabeto de huellas fugaces por conservar mediante precarias economías del destrozo, del trozo y de la traza.

Ese arte de las huellas fabricó varias técnicas de reinvención de la memoria, a la sombra de una historia de violentaciones y forcejeos. En casi todas ellas, y no por casualidad, resuena el eco de formas y conceptos sacados de la deriva benjaminiana. No es que las prácticas chilenas entablaran con los textos de Walter Benjamin un erudito diálogo basado en citas bibliográficas. Desde ya, W. Benjamin nunca fue parte del corpus de referencias teóricas manejado dentro de la universidad chilena por la crítica literaria de izquierda que no lo podría haber acogido debido a que "su marxismo atípico, más de andamio que de trama, su pensamiento ajeno a las construcciones globalizantes, a la linealidad ideológica, más bien dado a la inserción de residuos culturales, de capas de sentido ocultas en los rincones o en los márgenes de los textos, no eran tal vez los más pertinentes para una crítica enfrentada al acoso de una emergencia social y política que exigía fórmulas de análisis menos oblicuas".[3] Pero la no incorporación de Benjamin a la cultura académica de esos años no quiere decir que su pensamiento no haya ejercido una real fuerza de intervención crítica en el medio artístico chileno de los ochenta. Lo que ocurre es que la inspiración benjaminiana, en lugar de canalizarse por la vía de una enseñanza académicamente constituida, se desplegó en obras y textos surgidos en las afueras del recinto universitario, siguiendo así el ímpetu del propio Benjamin que señalaba que "lo decisivo no es la prosecución de conocimiento a conocimiento, sino el salto en cada uno de ellos. El *salto* es la marca imperceptible que los distingue de las mercaderías en serie elaboradas según un patrón".[4]

Las obras de arte chilenas de la nueva escena crítica surgida bajo la dictadura entraron en connivencia con los textos de W. Benjamin saltándose los relevos del saber universitario, sin pasar por la mediación académica de una cadena de pensamiento formalmente diseñada. Lo hicieron más bien inspiradas por ciertas alianzas de parentescos entre el arte y la crítica cultural que se acordaron tácitamente, sin programas ni métodos. Una mezcla de azares y necesidades hizo productivas

3. Leonidas Morales, "Walter Benjamin y la crítica literaria chilena", en *Sobre Walter Benjamin; vanguardias, historia, estética y literatura*, editor: Nicolás Casullo, Buenos Aires, Alianza Editorial/Goethe Institut, 1993, pp. 217-218.
4. Benjamin citado por Morales, *op. cit.*

varias referencias benjaminianas, pasando por "las combinaciones, las permutaciones, las utilizaciones" de conceptos y teorías cuya pertinencia y validez "no son nunca interiores, sino que dependen de las conexiones con tal o cual exterior",[5] tal como lo señalan Deleuze y Guattari en su defensa de la *experimentalidad del sentido*.

Más que averiguar filiaciones teórico-conceptuales deudoras de alguna matriz de saber académico, vale la pena dejarse sorprender por el itinerario de referencias semideshilvanadas que grabaron a Benjamin en la historia chilena de la memoria y de sus tachaduras. Y vale la pena también preguntarse, con motivo de este raro itinerario: "¿A qué regresa Benjamin, aquel berlinés de entreguerras, en el tren de una estación vacía, para descender sobre un neblinoso andén tan próximo a nosotros?".[6]

Lo que sigue intenta reunir algunos de los hilos sueltos que tejen una lectura benjaminiana de las memorias entrecortadas y sobresaltadas de algunas prácticas culturales que transitaron de la dictadura a la postdictadura en Chile.

## Las estrategias de lo refractario

Es cruzándose con la voluntad benjaminiana de forjar "conceptos inútiles para los fines del fascismo"[7] que surgió la primera hipótesis chilena, en tiempos de la dictadura, de "un arte refractario", en ambos sentidos de la palabra: el de "una negación tenaz" y también el de "una desviación respecto de un curso anterior".[8] Al referirse a la primera etapa de la producción artística postgolpe (y tomando como ejemplos las obras de Enrique Lihn, Raúl Zurita, Eugenio Dittborn y Roser Bru), Adriana Valdés señala cómo ciertas obras "estaban hechas para ser inasimilables por cualquier sistema cultural oficial" al plantear algo no traducible a la lógica totalitaria, algo inservible que no

5. Gilles Deleuze-Félix Guattari, *Rizoma*, Valencia, Pre-textos, 1976, p. 60.
6. Nicolás Casullo, "Walter Benjamin y la modernidad", *Revista de Crítica Cultural*, nº 4, Santiago, noviembre de 1991.
7. Walter Benjamin, "La obra de arte en la época de su reproductibilidad técnica", en *Discursos interrumpidos I*, Madrid, Taurus, 1973, p. 18.
8. Adriana Valdés, "Señales de vida en un campo minado (la situación chilena y la hipótesis de un arte refractario)", fotocopia, 1977.

entrara "en el sistema de intercambio, en la economía, en la circulación dentro de ese sistema, ni aun bajo la especie de signos explícitos de disidencia".[9]

Haber formulado significados simplemente opuestos, contrarios al punto de vista del dominador, sin buscar atentar contra la gramática de la significación que sobredeterminó la lógica del enfrentamiento, era mantenerse inscripto en la misma linealidad dualista de una construcción maniquea del sentido. Era simplemente invertir la simetría de lo representado (positivo/negativo), sin llegar a cuestionar su topología de la representación. Es cierto que la tendencia predominante del arte contestatario chileno movilizado por la izquierda tradicional buscaba sobre todo vengarse de la ofensa dictatorial tramando, en su simétrico reverso, una épica de la resistencia que funcionaba —éticamente— como el negativo de la toma oficial. Pero en los costados de esa concepción heroica y monumental de la cultura de la resistencia, batallaron ciertas construcciones artísticas que no querían sólo atender la contingencia figurativa del "No" (*No a la dictadura*) sino, además, reclamar contra todo régimen de discursividad que asumiera la rigidez dicotómica del *sí/no* como reducto carcelario de una verdad a ser representada en bloque.

El límite entre lo funcional a la cultura del autoritarismo y lo disfuncional a su economía político-discursiva se trazó en Chile como ruptura conceptual y semántica. Esta ruptura nació del desafío de tener que nombrar fracciones de experiencia que ya no eran verbalizables en el idioma que sobrevivió a la catástrofe del sentido. Por un lado, estaba la lengua de la impostura hablada por el poder oficial. Por otro lado, estaban el molde ideológico de la cultura militante y, también, la racionalidad explicativa de las ciencias sociales alternativas, ambas incapaces, por distintas razones, de dar cuenta de los trances referenciales que accidentaron el saber, la experiencia y la representación. La ruptura semántica y conceptual a la que apelaba Benjamin en su mención de un arte refractario (de un arte de la resistencia y la desviación) se diseñó, en Chile, para escapar del dogma represivo del militarismo y, también, para fugarse de ciertos reduccionismos ideológicos (los de la política

9. *Ibid.*

ortodoxa) y técnicos (los de la sociología de la cultura alternativa) que desatendieron el derrumbe de los ordenamientos categoriales que estremecieron el pensar. Se trataba, para las obras más audaces y desafiantes del período, de quebrar la conformidad de lecturas domesticadas por los lugares comunes del rito institucional, de las tradiciones hegemónicas, del credo militante, de los saberes oficiales y sus jerarquías disciplinarias, del mercado cultural. Hacía falta reinventar "un lector indómito, irreductible, desgregarizado"; un lector enfrentado a ***signos "comunicables pero nunca demasiado procesables"***[10] y a nombres que guardaran en su interior una memoria lingüística de los choques nacidos de tantas desarmaduras del sentido. Son esos choques los que armaron resistencia y sublevamiento en el interior de la palabra y de la imagen, generando una memoria del trauma que resultara solidaria de los accidentes y contrahechuras de la historia a través de su grafía dañada.

Recordar hoy la tirantez y los desgarros de ese arte de la memoria rota es una manera de no dejarse engañar por la consigna de la transparencia sociocomunicativa que, en nombre del realismo instrumental del consenso, trata de limar las asperezas de la superficie demasiado pulida en la que brillan los signos del acuerdo. Rehabilitar la memoria de la antidictadura como un campo de fuerzas plurales y divergentes sirve para abrir el pasado a contradicciones de puntos de vista que no deben quedar silenciadas por la visión de una historia falsamente reconciliada consigo misma.

Las opacidades del cuerpo extraño que debemos mantener flotantes como turbio recuerdo es aquél compuesto de "jirones de diarios, fragmentos de exterminio, sílabas de muerte, pausas de mentira, frases comerciales, nombres de difuntos" que hablan, mezcladamente, de la "infección de la memoria" que nos contagió a través de "una honda crisis del lenguaje, una desarticulación de todas las ideologías".[11] Es la turbiedad de este recuerdo, su impureza, la que merece ser retenida a favor de un ejercicio crítico de la memoria que no sea linealmente restitutivo de una historia plena y coherente,

10. Martín Hopenhayn, "¿Qué tienen contra los sociólogos?, en ***Arte en Chile desde 1973; escena de avanzada y sociedad***, Santiago Documento FLACSO nº 46, enero de 1987, p. 95.



11. Diamela Eltit, ***El padre mío***, Santiago, Francisco Zegers Editor, 1989, p. 17.

sino que acoja la fragmentariedad del residuo, "la muerte del sentido, la pérdida cultural del yo, la sutura apenas regenerada de los vacíos entre espacios, ritmos y cadencias en los que un significante va a reemplazar a otro hasta llegar al fallecimiento de la última letra".[12]

## La delación fotográfica

En un texto sobre arte chileno llamado "Parpadeo y piedad", Pablo Oyarzún señala cómo "hacia 1977 se instaló en el centro de los debates que se desplegaron sobre y desde las actividades de vanguardia, la cuestión de la fotografía".[13]

El debate de aquellos años sobre la cuestión fotográfica incorporaba varios niveles de reflexión, aunque las peleas grupales del medio artístico chileno hicieron prevalecer la dimensión más polémica de una exacerbada controversia que convirtió en armas los argumentos que formuló W. Benjamin en "La obra de arte en la época de su reproductibilidad técnica" (1936). Frente al desafío de "politización del arte" (Benjamin), esta controversia opuso la fotografía a la pintura como si la artesanía del cuadro (el culto al talento individual expresado por la manualidad del oficio) y su preindustria de la imagen hubiesen sido declaradas totalmente obsoletas por la modernidad técnica-fotográfica. Muchos artistas chilenos de los ochenta privilegiaron la objetividad documental de la fotografía por sobre las transposiciones imaginarias y las recreaciones estilísticas de la pintura, coincidiendo en que las tecnologías visuales de reproducción masiva de la imagen tienen efectivamente la misión de liquidar el valor "cultual" de la pintura depositado en su aura de contemplación, de recogimiento, de misterio y eternidad. Un sector del arte chileno postgolpe levantó una suerte de reclamo ético y político-social contra el subjetivismo estetizante de la pintura, a la que acusaban de pertenecer "al ámbito de lo subjetivo, de la expresión individual, del egoísmo", como si la privacidad del oficio pictórico se tornara fatalmente cómplice del "acto

12. Eugenia Brito, *Campos minados*, Santiago, Cuarto Propio, 1990, p. 7
13. Pablo Oyarzún, "Parpadeo y piedad", en *Cirurgía plástica*, Berlín, NGBK, 1989, p. 32.

del ocultamiento de determinados hechos públicos" que sólo la cámara podía denunciar, al ser ella un instrumento visual que no tiene rival "para retratar al hombre en la catástrofe".[14]

Más acá y más allá de esa polémica entre fotografía y pintura que levantó un sector de la Avanzada, la problemática fotográfica adquirió su mayor densidad reflexiva en obras como la de E. Dittborn que llevó la documentación fotográfica y la representación pictórica a alternar y cotejar sus retóricas crítico-visuales de la imagen, referidas ambas —pintura y fotografía— al desmenuzamiento de la identidad en el escenario de lo que W. Benjamin llamó *"la última trinchera del rostro humano"*. Esa trinchera del "yo" que, en el paso del retrato pintado (la tradición de las Bellas Artes) al retrato fotográfico (la visualidad contemporánea de las comunicaciones masivas), trueca lo artesanal por lo mecánico, lo único por lo múltiple, lo original por lo repetido, lo aurático por lo serial.

Ciertos críticos (Ronald Kay, Enrique Lihn, Adriana Valdés, entre otros) investigaron, a propósito de la obra de E. Dittborn, la situación del rostro humano fotografiado por la máquina de reproducción visual, para extraer de esta maquinización de lo humano las claves analíticas y metafóricas del tramaje coercitivo de los procedimientos fotográficos de fijación de la identidad (la prisión del encuadre, la camisa de fuerza de la pose, la sentencia del montaje, la condena del pie de foto, etc.) que armaban dramáticas analogías con las técnicas del control represivo que afectaba diariamente los cuerpos sometidos a los métodos de la violencia militar. La foto carné hablaba de las sustituciones-destituciones de identidad: de los chantajes y las manipulaciones de roles que practica el orden social sobre quienes son obligados por él a calzar con sus matrices de identificación. La conversión del sujeto individual en "lugar común" de la masificación técnica debido al estereotipo de la pose y a la genericidad del retrato colectivo archivado por el Gabinete de Identificación evidenciaban el fundamento regulador y clasificador del sistema que ejerce su poder institucional apoderándose *técnicamente* de

14. Estas citas pertenecen a un texto de Adriana Valdés sobre el artista visual Gonzalo Díaz, publicado en *Arte contemporáneo desde Chile*, Nueva York, Americas Society, abril de 1991, donde la autora revisa el debate fotográfico de esos años.

"la identidad identificada por la máquina de estereotipar" (Lihn). Hablar de fotos de identidad era hablar de los moldes y los calces identificatorios que, al normar la pose, garantizaban la reproductibilidad del orden; era delatar las convenciones sociales que regían la identidad y la conducta basadas en el retrato-tipo como modelo de integración disciplinaria. Sobre todo, era exhibir la ***identidad fichada del retrato*** y ***la ficha técnica de los medios que arman las represiones de identidad***, para que las víctimas del orden represivo pudieran descifrar las mediaciones de signos a través de las cuales se fabricaban y al mismo tiempo se ocultaban los brutales atropellos a lo humano que padecían diariamente.

Los familiares de los detenidos-desaparecidos de la dictadura chilena que salían a la calle exhibiendo el retrato fotográfico de los ausentes le reclamaban a la Ley a sabiendas de que sus fotos ampliadas en carteles guardaban la memoria secreta de la primera estigmatización de la identidad cometida por el aparato fotográfico, cuando la cámara sacrificó lo individual para vaciar su materia desechable al molde de lo público.[15] En 1977, el artista chileno E. Dittborn acumuló un sinnúmero de fotos anónimas —una acumulación desindividualizadora de fotos desindividualizas— bajo el título "Fosa Común". Su obra graficó entonces un trazo de unión solidaria con los familiares de detenidos-desaparecidos al denunciar tanto las confiscaciones de identidad practicadas desde el Estado como la impunidad de todos aquellos dispositivos que se valen —en la foto y en la desparición— de la borradura de los nombres y las firmas. Esta obra de Dittborn fue capaz de forzar la semejanza entre los retratos abandonados en la vitrina fotográfica y los cuerpos tirados por la máquina de desidentidad en los cementerios clandestinos: la foto pasó a ser el "lugar del crimen" a la que, según Benjamin, debe volver el artista para "descubrir la culpa [...] y señalar el culpable",[16] rastreando las huellas técnicas de la maquinación visual orquestada por los aparatos serializadores —tortura más anonimato— que dictan la sentencia colectiva.

15. Véase Ronald Kay, *Del espacio de acá*, Santiago, Visual, 1990.
16. Walter Benjamin, "Pequeña historia de la fotografía", en *Discursos interrumpidos I*, p. 82.

Cuando E. Dittborn, en su producción de hoy, sigue desenterrando la noticia de las identidades gastadas que fueron sepultadas en viejas fotografías para imprimirla en sus pinturas aeropostales y hacerla viajar por todas partes,[17] su metáfora de lo extraviado le da visibilidad al problema oculto de los cuerpos desaparecidos en un nuevo gesto de solidaridad con los reclamos en contra de la violación de los derechos humanos. Dittborn pone a circular nuevamente la imagen de identidades omitidas o tachadas de la historia para contarnos cómo "el Estado chileno intenta(ba) sacar de circulación a determinados sujetos para condenarlos al olvido"[18] y para mostrarnos, además, cómo el recuerdo de la dictadura está ya en vía de sucumbir al olvido debido a la consigna democrática de mirar hacia adelante (de

17. Cfr. Eugenio Dittborn, *Mapa*, Londres, ICA, 1993.
18. Justo Pastor Mellado, *El fantasma de la sequía*, Santiago, Francisco Zegers Editor, 1987.

Eugenio Dittborn, **El cadáver, el tesoro**, 1991.

apartar la mirada de los conflictos del pasado) que hace desaparecer las imágenes de los desaparecidos, sepultando su pasado en la tumba de la inactualidad nacional. A la muerte por sustracción de los detenidos-desaparecidos que fueron violentamente *retirados de circulación*, Dittborn opone la *puesta en circulación* de la noticia de los cuerpos redescubiertos en revistas, y lo hace cuando Chile ya ha dejado de ser noticia en el mercado ideológico de la cultura solidaria internacional.

El reviente de la trama en la obra de Dittborn es el recurso figurado que visualiza —serigráficamente— cómo el *detalle*, ampliado más allá de los límites que todavía garantizan la nitidez de su percepción como parte reconocible de un todo, hace explotar la visión dividiéndola entre figuración y desfiguración, entre acumulación y dispersión, entre cohesión y desintegración. La explosión de la imagen del recuerdo en fracciones y detalles ampliados revienta el calce de la memoria como un bloque nítido de contornos seguros. La obra de Dittborn construye una alegoría benjaminiana de la memoria como *traza y reinscripción*. Su rescate de la noticia sacada de las revistas de actualidad en desuso (la prensa como fosa y exhumación) pone la imagen de lo desenterrado —el cadáver de la dictadura— a funcionar en una nueva constelación significante de muchas otras identidades sumergidas o naufragadas (mujeres, indígenas, delincuentes, enfermos mentales, etc.) que intercambian con ella sus ruinas existenciales, sus vestigios de representación. La obra de Dittborn arma una configuración múltiple de subidentidades en crisis de reconocimiento que desideologizan el retrato de la víctima de la dictadura, movilizando el drama del fracaso y las ruinas de identidad fuera del catálogo de las políticas oficiales mediante asociaciones inéditas de fragmentos dispersos de tragedias errantes, de restos (aún) sin encontrar, de derrumbes y hundimientos varios que hablan de subjetividades residuales y de códigos a la deriva. Mentes extraviadas en distintas regiones de la biografía humana (la infancia, la vejez) o de la patología social (la locura, la delincuencia); cuerpos flotantes en distintas latitudes de las vidas en extinción (de los aborígenes de Tierra del Fuego a la momia del Cerro del Plomo, pasando por los detenidos-desaparecidos de la dictadura) van armando un gran retrato colectivo con piezas de identidad desensambladas: un retrato genealógico en el que lo *heterogéneo* (lo no idéntico y lo plural-contradictorio), lo *no sincrónico* (distintas temporalidades sociales e históricas separadas por abismos de distancia) y lo *desviante* (lo menor y lo subalterno) nos van señalando que la única identidad sobreviviente al Chile de la dictadura todavía posible de ser hoy reconstruida es aquella identidad en la que batallan pasado y destiempos, colapsos de sentido y fuerzas vitales, sacudidas de la memoria y presentes en curso.

## Vocabularios insurgentes

El paisaje del Chile postgolpe acusó la dislocación del horizonte referencial que el pasado y la tradición habían trazado como línea de continuidad histórica. Hipersensibilizadas a los efectos del corte, a la marca fraccionadora y dispersiva de esta profunda rotura de horizontes, varias prácticas culturales de la antidictadura inscriptas en la tradición de la izquierda buscaron reponerse del violento quiebre de lenguajes zurciendo códigos para mantener viva la ilusión de que historia y memoria eran continuidades todavía rearmables, pese a la brusquedad de la interrupción que significó el golpe militar. La voluntad de rehistorizar un pasado aún depositario de los valores de identidad nacional y popular, que debían ser rescatados y protegidos como lazos de integración comunitaria, caracterizó varias manifestaciones chilenas de la cultura solidaria y militante aún comprometida con los referentes ideológicos de la izquierda clásica. Estas manifestaciones se dedicaron a la sutura y la reparación de una continuidad rota, armando enlaces simbólicos con la tradición para refamiliarizar el destinatario del arte con el legado cultural previo a la pérdida y remediar así los efectos de extrañamiento causados por el traumático surgimiento de lo desfigurado y lo irreconocible en el campo de visión histórica de la dictadura. Sobre todo en el campo del teatro, las obras de mayor repercusión cultural (con el grupo ICTUS como paradigma) defendieron la necesidad de resguardar la historicidad de un patrimonio cultural amenazado por la desintegración, al enfatizar el carácter de rito de la obra: un *rito* a través del cual "los espectadores se reconocen como parte de una comunidad de valores, experiencias históricas, universos simbólicos compartidos e identidades sociales consensualmente reconocidas".[19]

Ese "pensamiento histórico, saturado de experiencia"[20] que impregnó las obras de la cultura solidaria —un pensamiento que recurría a la ejemplaridad del pasado de la Unidad Popular como reserva valórica de una identidad nacional transmitida por la tradición de izquierda— no constituyó la única alternativa de respuesta a la crisis de significación que desmanteló el universo cultural. También surgió lo que Rodrigo Cánovas llamó, a propósito de la literatura de Enrique Lihn, "el pensamiento satírico":[21] un pensamiento que critica "de un modo

19. Hernán Vidal, *Discurso militar, tama social e inauguración de la sociología del teatro en Chile,* Minneapolis, Institute for the Study of Ideologies and Literature, 1991, p. 106.
20. Rodrigo Cánovas, *Lihn, Zurita, Ictus, Radrigán; literatura chilena y experiencia autoritaria,* Santiago, FLACSO, 1986, p. 15.
21. *Ibid.*

desenfadado los órdenes culturales" poniendo en ejercicio "un discurso de la reflexividad (atento a su programación, autoparódico)".[22] Ese discurso "que pone en cuestión el acto mismo de conceptualizar cualquier cosa a través del lenguaje"[23] marcó la tendencia deconstructiva de obras que se separaban de la bandera protestataria-denunciante, al insistir en rediagramar pequeñas utopías críticas que alzaban sus precisos vocabularios en contra de los discursos totalizantes del pensamiento ideológico.

Esos vocabularios insurgentes encontraron en la memoria rebelde el primer territorio por reconquistar. Pero su reconquista no consistió en simbolizar el pasado como monumento historicista a la continuidad, mediante gestos todavía confiados en los desenlaces redentores. Frente al engaño oficial de lo nacional como una categoría tergiversada por el fraude histórico de la toma de poder, por un lado, y, por otro, frente a la nostalgia de lo nacional-popular como representación sublimada del continuismo del discurso ideológico de la izquierda, el arte de la Avanzada trató de reimaginar vinculaciones antimonumentales con el pasado que parodiaran lo que la tradición cultural había ritualizado como herencia y patrimonio. En la plástica, las revisiones del arte chileno de Eugenio Dittborn (*De la chilena pintura historia*, 1975), Carlos Altamirano (*Revisión crítica de la historia del arte chileno*, 1979) y Gonzalo Díaz (*Historia sentimental de la pintura chilena*, 1982) intervinieron el legado académico de la tradición pictórica chilena como el primer subsistema de falsedades y falsificaciones nacionales que la reflexión artística debía cuestionar y reformular. Las obras de estos tres artistas chilenos descompaginaron la secuencia histórico-nacional de la tradición del arte oficial, al intervenirla con las memorias en negativo de lo subordinado (lo doméstico y lo popular, lo cotidiano y lo femenino) que el pasado canónico había censurado y reprimido, excluyendo sus iconografías de la escala de distinciones y privilegios de las Bellas Artes.

La poesía y la narrativa chilenas que surgen en la constelación de la Avanzada se encargaron también de escindir las

22. Rodrigo Cánovas, "Llamado a la tradición, mirada hacia el futuro o parodia del presente", en *Arte en Chile desde 1973; Escena de Avanzada y sociedad*, p. 20.

23. *Ibid.*

narraciones hegemónicas, de fisurarlas con palabras hostiles a la consigna de una verdad oficial que se vio amenazada cuando la llenaron de dudas "los puntos suspensivos, las repeticiones, los intersticios por donde el significante deja ver sus faltas, sus carencias",[24] y también sus vacíos de argumentación. *La Tirana*, de Diego Maquieira,[25] violenta el molde de la lengua española de la Conquista con una mezcla orgiástica de idiomas contrarios que la asaltan desde abajo y por debajo. El español de la tradición que forma la memoria culta y religiosa de la sociedad latinoamericana es así transgredida por la "ordinariez feroz" (Maquieira) de citas cuya alteridad disonante festeja la lucha de textualidades que desgarran el referente de la lengua madre. *Este*, de Gonzalo Muñoz,[26] recurre a la figura de la disyunción para escenificar la memoria del relato de la historia como una memoria rota en sus enlaces, dispersa en sus fragmentos, múltiple y contradictoria en sus series; una memoria sólo posible de ser recreada mediante un coro disparejo de voces híbridas en el que orígenes y pasados escapan a la jerarquía fundacional de la palabra sagrada. *Por la patria*, de Diamela Eltit,[27] llena la narración de subrelatos contradictorios que se desmienten unos a otros para activar la sospecha en torno a la veracidad del monólogo de la historia central, entrecruzando sus pistas narrativas hasta frustrar toda síntesis recapituladora y desviar la recta de los desenlaces programados hacia cortes sintácticos laterales y bifurcantes.

Todas estas obras ilustran la idea benjaminiana de que "la continuidad de la historia es la de los opresores", mientras que "la historia de los oprimidos es una discontinuidad": una sucesión inconclusa de fragmentos sueltos, desparramados por los cortes de sentido que vagan sin la garantía de una conexión segura ni de un final certero. Para estas obras, tanto el acto de *recordar* (de practicar la memoria histórica) como el acto de *interpretar* (de ensayar fórmulas de comprensión del pasado) implicaban confrontar sucesos y narraciones, para abrir el relato de la experiencia y la experiencia del relato a lecturas multicruzadas que denunciaran la trampa de las racionalizaciones

24. Brito, *op. cit.*, p. 226.
25. Diego Maqueira, *La Tirana*, Santiago, Editorial Tempus Tacendi, 1983.
26. Gonzalo Muñoz, *Este*, Santiago, Editorial Universitaria, 1983.
27. Diamela Eltit, *Por la Patria*, Santiago, Ediciones del Ornitorrinco, 1986.

basadas en verdades completas y absolutas. Sólo una precaria narrativa del ***residuo*** fue capaz de escenificar la descomposición de las perspectivas generales, de las visiones centradas, de los cuadros enteros: una narrativa que sólo "deja oír restos de lenguajes, retazos de signos",[28] juntando hilos corridos y palabras a maltraer.

La crítica benjaminiana de la Historia como linealidad homogénea y direccionalidad unívoca repercutió en aquellas imágenes de la cultura chilena postgolpe que acentuaban "la negatividad, la discontinuidad, el rechazo y el choque".[29] Esta crítica a las totalizaciones monológicas hecha desde constelaciones plurales de significaciones dispersas era, para la Avanzada, la única crítica que podía realmente entrar en complicidad de estilos con los imaginarios sociales ya desintegrados por las roturas del macrosintagma histórico.

## Estéticas del desecho

La crítica antihistoricista de Benjamin era una crítica a la monumentalidad heroica de las verdades mayúsculas, realizada por él desde el fino detalle de los acontecimientos pequeños que desmenuzan las significaciones que los cronistas de la historicidad trascendente suelen mirar como si fueran materiales de desecho. Amante de las porciones y fracciones de experiencia que relatan el Todo no desde un saber aun confiado en su plenitud sino desde la palabra quebradiza de la desintegridad, W. Benjamin se hubiera reconocido en las geografías del fragmento que trazaron ciertas voces chilenas en torno a las grietas del sujeto monológico de la autoría/autoridad de las tradiciones oficiales que consagraba el autoritarismo de la cultura militar.

Sabemos que "el testimonio popular latinoamericano surge en circunstancias en que la vida ha sufrido cambios irrreversibles y está en vías de reconstrucción. Y es, precisamente, la modalidad testimonial uno de los vehículos privilegiados de

28. Diamela Eltit, ***Lumpérica***, Santiago, Ediciones del Ornitorrinco, 1983, p. 10.
29. Pierre Zima, "L'ambivalence dialectique entre Benjamin et Bakhtine", ***Revue d'esthétique***, París, noviembre de 1990, p. 134.

esa reconstrucción" de vida,[30] por su capacidad de modular nuevas formas de expresión de las subjetividades en crisis. De hecho, en el Chile de la dictadura, el testimonio se convirtió en un formato privilegiado que "les daba voz a los sin voz", textualizando historias de vida y narraciones biográficas situadas en los precarios márgenes de las visiones constituidas e instituidas por los relatos maestros de la ciencia social y de la política. El testimonio como instancia subjetivada de "conocimiento desmitificador de la 'totalidad'"[31] plantea una captación situada de lo real (localizada y corporizada) que corrige la mirada totalizante del enfoque macrosocial. Pero pese a esta parcialización y relativización del habla testimonial que busca rebatir la ficción universal del sujeto absoluto, los exponentes del testimonio que acapararon la atención de la sociología chilena alternativa seguían retratando personajes (principalmente las víctimas políticas) que aún se sustentaban en el paradigma comunitario de la denuncia para llevar su marginalidad y opresión a simbolizar la conciencia nacional

Sin embargo, en las orillas más deshilachadas de la trama ético-narrativa del género testimonial valorizado por la sociología chilena como documento, es decir, como prueba y enseñanza, surgieron otras experimentaciones que se deslizaban fuera del imperativo concientizador de la narración de vida tradicionalmente cifrado en "el rescate de las voces populares, de la sintaxis y cosmovisión de los oprimidos" a través de "una mirada que intenta construir una verdad desde la perspectiva de los protagonistas más marginales de la historia".[32] Situadas en la accidentada periferia de esta "verdad" esquemáticamente catalogable por la sociología de la marginalidad, las nuevas estéticas críticas del testimonio no buscaron rellenar los huecos de identidad con palabras de consuelo. Prefirieron desnudar, en esos huecos, la carencia y reestetizar esa carencia mediante "figuras en abismo vaciadas de toda interioridad":[33] figuras

30. George Yúdice, "Testimonio y concientización", *Revista de crítica literaria latinoamericana,* nº 36, Lima, 1992, p. 214.
31. *Ibid.*
32. Sonia Montecino, "Testimonio y mujer; algunas reflexiones críticas", en *La invención de la memoria*, editor: Jorge Narvaez, Santiago, Pehuén, 1988, p. 122.
33. Diamela Eltit, *El padre mío*, Santiago, Fransico Zegers Editor, 1989, p. 13.

que ya no alcanzaban el peso confirmativo de una referencialidad valórica que les sirviera de guía de conciencia social. El vagabundo urbano del *El padre mío*, de Diamela Eltit, y los travestis prostitutos de *La Manzana de Adán*, de Claudia Donoso y Paz Errázuriz,[34] corporizaron el registro de la desidentidad a través de un frenético o sórdido montaje de voces entrecortadas, de fachas maquilladas, en las que locura y privación se abigarran de estilos, se recargan de ornamentos, para vengarse de la condena nacional a la miseria del sinsentido. Cuerpos sin residencia ni pertenencias, sujetos sin interioridades ni contenidos (desposeídos de toda esencia) configuran "presencias armadas en la pura apariencia, siguiendo un complejo y desgarrado orden cosmético", que deja "entrever significaciones múltiples, desde la multiplicidad de aditivos que componían la violenta exterioridad a la que se habían reducido".[35] Esta "violenta exterioridad" es la del mapa suburbano en cuyas fronteras de tráficos y clandestinajes se juntan "los habitantes de las zonas de dolor, de crimen, de locura, de venta sexual: hospitales, hospicios, asilos, cárceles y prostíbulos; las plazas, las fuentes de soda y los baños públicos; las carreteras de entrada y salida a la ciudad y los sitios eriazos"[36] y en cuyas áreas de delitos e infracciones se proyecta el reviente escenográfico de una loca compulsión por los bordes. La falta de propiedad e identidad de estos sujetos extremadamente móviles en sus cambios de residencia, de nombre y habla, ponía el acento en mudanzas de identidad y en transferencias de géneros que desestabilizaron la función del testimonio entendido como vector colectivo de representación identitaria. A diferencia de lo que ocurría con el contenidismo existencial de la ideología del testimonio propagandeada por la sociología alternativa, *El padre mío*, de D. Eltit, deliraba con "la apariencia y la exterioridad" como faccionamientos cosméticos de una maquinaria barroca que satura los signos de formas y texturas abigarradas.

34. Paz Errázuriz y Claudia Donoso, *La manzana de Adán*, Zona Editorial, 1990.
35. Diamela Eltit, *op. cit.*, p. 12.
36. Gonzalo Muñoz, "El gesto del otro", en *Cirurgía plástica*, Berlín, NGBK, 1989, p. 25.

Las voces basureras de aquellos sujetos que divagaban en las afueras de la cartografía ciudadana fueron experimentando sofisticados cortes y montajes que daban cuenta de lo "colectivo" no como masa, sino como flujos a seccionar y reensamblar en nuevas conexiones de intensidades. Apariencias lujosamente recargadas por la técnica del suplemento estético configuraron esas identidades-simulacro que adornaban el castigo chileno de la falta con la superabundancia del exceso, exhibiendo el rebuscamiento sígnico de las metáforas del deterioro para incrustar sus brillos en el sintagma de la pobreza. El derroche exhibicionista de esas cosméticas del deseo presentes en los relatos de la Avanzada no podía sino leerse como una perversión estética de parte de los creyentes en la moral popular del testimonio y en su referencialismo social de la denuncia política, que se encontraron fuertemente convulsionados por los espasmos de identidad que generó —en toda su extensión metafórica— el tembloroso síntoma de la precariedad y la desfiguración.

La "reacentuación de los géneros" de la que habla Bajtin se formalizó en estas obras chilenas, como ***degeneración torcida del género*** (discursivo y sexual). Si bien es cierto que la subalternidad del testimonio ya se había encargado de cuestionar la jerarquía de la literatura defendida por la tradición canónica, las voces maquilladas de la hiperficcionalización retocaron y transfiguraron su "verdad" representacional, mediante las torsiones y contorsiones genérico-sexuales de la femineidad y el travestismo. "Al enfocar la fragmentariedad de la experiencia y dejar de lado el impulso a totalizar",[37] el género del testimonio cuestionó el monologismo de la voz de autor. Pero la dictadura chilena empujó la fragmentariedad del testimonio hacia extremos de creatividad en los que maniobras estilísticas, subterfugios técnicos y artificios ficcionales perfeccionaron la subversión del género para darle merecida elocuencia al yo "inesencial, desechable" que recogía Benjamin, mezclando jirones de identidad, residuos narrativos, desechos lexicales, basuras tecnológicas, erratas sexuales y fallas de géneros.

37. George Yúdice, *op. cit.*, p. 214.

## Reinventar la memoria, hoy

Dar vuelta la hoja, cerrar el capítulo: éstas son algunas de las imágenes que hoy rodean el tema del pasado de la dictadura (la violación a los derechos humanos) con sus figuras de la memoria como libro, como narración y archivo. La referencia al libro retiene la metáfora del volumen histórico en el que se depositan sentidos ordenados para consultas futuras. Pero el orden previsto de estos sentidos se ve necesariamente alterado cuando relatos y narraciones ponen en marcha formas inéditas de recombinar tiempos y secuencias, de alternar pausas y vueltas atrás, de anticipar finales y de saltar comienzos, mediante un trabajo de la lectura que no acepta subordinarse a la cronología de un transcurso lineal. La cronología mantiene el pasado cautivo de un ordenamiento estático que sólo se rompe cuando ciertas disjunturas temporales y narrativas sueltan los nexos de su continuidad programada. El presente pasa entonces a ser el nudo disyuntivo que lleva el recuerdo a no conformarse con una mera vuelta al pasado —la simple regresión contemplativa al nicho del ayer—, sino un ir y venir por los recovecos de una memoria que no se detiene en puntos fijos, que transita por una multidireccionalidad crítica de alternativas no concertadas y bifurcantes. De esto nos hablaba Gonzalo Díaz a propósito de su instalación ***Lonquén 10 años*** (1989) cuando nombra las "oscuridades fragmentadas que hilvanamos para iluminar un hecho" o "una distorsión que el arte apenas puede nombrar": aquella masacre de Lonquén como "el punctum pestilente que aflora con porfía desde la ciénaga espesa del monótono discurso oficial".[38]

La vuelta chilena a la democracia armó una escenografía de discursos en torno al problema de la memoria que tensiona su figura entre olvidar (sepultar el pasado de los cuerpos sin sepultura: ***recubrir***) y recordar (exhumar lo que tapa o vela el pasado: ***descubrir***). Pero las vueltas de la memoria ocupan mecanismos mucho más retorcidos e imbricados que los consignados por esta dualidad de procedimientos opuestos. Una vez

38. Gonzalo Díaz, ***Sueños privados, ritos públicos***, Santiago, La Cortina de Humo, enero de 1989, catálogo de la exposición en la galería ***Ojo de buey***.
39. Beatriz Sarlo, "La historia contra el olvido", ***Punto de Vista***, nº 89, diciembre de 1989.

*Gonzalo Díaz,* ***Lonquen 10 años****, instalación, Galería Ojo de Buey, Santiago de Chile.*

descartada "la igualación amnésica de la historia que es, entre otras cosas, una ofensa al presente",[39] queda por imaginar el trabajo de una memoria que no sea la memoria pasiva del recuerdo cosificado, sino una *memoria-sujeto* capaz de formular enlaces constructivos y productivos entre pasado y presente para hacer estallar el "tiempo-ahora" (Benjamin) que se ve retenido y comprimido en las partículas históricas de muchos recuerdos discrepantes que silenciaron las memorias oficiales. Este trabajo del recuerdo ha sido motivo de reflexión en varias prácticas culturales del Chile postdictatorial, que siguen inspiraciones diversas y a veces contrarias. Frente al paradigma historia-memoria que guía estas prácticas, interesa relevar los contrapuntos estético-críticos manifestados por ellas en torno al *dilema de la representación*. Interesa, por ejemplo, mencionar dos obras teatrales que, si bien rastrean las sedimentaciones del mismo pasado de la dictadura para re-graficar sus huellas en el presente de la transición democrática, lo hacen desde dispositivos representacionales en abierto litigio de procedimientos: se trata de *La Muerte y la Doncella*, de Ariel Dorfman,[40] y del *Teatro de la Memoria*, de Alfredo Castro.[41]

En el caso de Dorfman, la problemática de la memoria es articulada por motivos que, en la obra, no hacen sino recitar el libreto político de la transición democrática. Acciones y personajes se crean en redundancia de lógicas y conductas con el repertorio de conflictos que sanciona el discurso oficial de la coyuntura política. El argumento teatral gira en torno a las mismas dualidades y oposiciones que han sido retorizadas por el temario de los derechos humanos de la transición: víctima/victimario, daño/reparación, ofensa/perdón, etc. Ningún descalce enunciativo, ninguna rotura significante accidentan las figuraciones de la historia y la memoria que simboliza la dramaturgia de Dorfman en dócil concordancia de términos con la narración dominante del realismo democrático. El discurso teatral de la obra protege —didácticamente— el orden y la composición de los significados políticos negociados y consentidos por la "democracia de los acuerdos", manteniendo a salvo su cadena de referentes (ofensa, perdón y reparación) sin remover nada de su linealidad argumentativa. La garantía

40. *La muerte y la doncella (Death and the Madden)*, de Ariel Dorfman, tuvo su primera importante presentación en Londres, en el Institute for Contemporary Arts (ICA) en noviembre de 1990.
41. El *Teatro de la Memoria* de Alfredo Castro se compone de una trilogía formada por las siguientes obras: *La Manzana de Adán* (1990), *Historia de la sangre* (1992) y *Los días tuertos* (1993).

representacional del mensaje teatral se sostiene en las relaciones de equivalencia entre significante y significado mediante las cuales la obra se pliega a los ideologemas del realismo social y político de la transición democrática, sin exponer sus signos a alteraciones ni deterioros que delaten —escénicamente— la violencia de un daño en la comprensión de lo sucedido.

Mientras tanto, Alfredo Castro elabora un teatro de la memoria en el que se habla una lengua triturada por la violencia de los choques y las desconexiones físicas que rompen la secuencialidad discursiva de los nombres y las cosas. El desagenciamiento sintáctico del discurso referencial frustra toda proyección identificatoria con la figura tipificada de la víctima —a diferencia de lo que ocurre con el teatro de Dorfman— y el eje dualista de lo negativo/positivo se ve constantemente subvertido por ambivalencias difusas, por oraciones truncas que desarman las convenciones ideológico-comunicativas del mensaje teatral con su errática despuntuación. La arqueología de la memoria del teatro de Castro lleva las fracciones de conciencia yuxtapuestas en desorden a entrechocarse para romper todo armado compositivo. El metanivel de inscripción/fijación del drama de la identidad como tema de la memoria es aquí trastocado en su recuerdo por la gesticulación disconexa de cuerpos y biografías en pedazos que han roto los enlaces de la sintagmática verbal para explorar a tientas los subsuelos de la representación social y de sus formalizaciones discursivas.

La prensa internacional ha conjeturado bastante sobre el escaso éxito de la obra de Dorfman en Chile (comparado retrospectivamente con su posterior éxito en Inglaterra y Estados Unidos),[42] cuando dicha obra se presentó por primera vez en 1991. El comentario generalizado fue que el público chileno de la transición no estaba preparado para recibir, elaborar y procesar la carga traumática de aquel recuerdo de la dictadura que la obra escenificaba. Pero el acto fallido de su recepción chilena bien podría suscitar otro tipo de comentarios. ¿Por qué no pensar que si esta obra, planeada fuera de Chile, ha fallado es porque los espectadores locales compartían, sin que la obra lo supiera, una cierta fatiga producida por tantas ideologizaciones

42. Remito al artículo de Catherine Boyle, "The Mirror to Nature? Latin American Theatre in London", *Travesía*, nº 1, Londres, 1992.

discursivas de la mirada del vencido como "dolorosa rectilinidad de triunfo y derrota" (Adorno)?

Para torcer críticamente la linealidad ideológica de la "mirada del vencido" como representación homogénea, hace falta tal como lo pedía el mismo Adorno en su ensayo sobre Benjamin poder "devolverse hacia lo que no fue incluido en semejante dinámica quedando a medio camino, o sea, por así decir, hacia el material de desecho y esos paisajes ciegos e imprecisos que escaparon al ojo de la dialéctica".[43] Paisajes ciegos e imprecisos que demandan una estética de trasluz para que sus formas adquieran el sentido indirecto de lo que se muestra de soslayo: de lo que circula por las estrechuras del recuerdo y se filtra por rendijas de conciencia apenas discernibles. Superar la rígida dicotomía de valores y representaciones que aprisiona la memoria histórica, dividida linealmente entre triunfo y derrota, para explorar formas más oblicuas de figuración de la experiencia traumática de los sentidos no-integrados o divergentes es parte de la tarea que le incumbe al pensamiento crítico de la postdictadura. Dicha tarea consiste tanto en resistir la empresa de la desmemoria que conducen los pactos del olvido sellados por el consenso como en evitar la nostalgia del símbolo antidictatorial que se graba en un pasado estático. Son aquellas prácticas artísticas y culturales que trabajaron en reelaborar los significados más tortuosos de la memoria histórica, las mejores preparadas para intervenir en este conflictivo teatro del recuerdo, reescenificando lo "*quedado a medio camino*": secuencias interrumpidas y fragmentos inconclusos que permanecen escondidos en las costuras de los exitosos discursos de la reconstrucción democrática, en aquellos dobleces y reversos simbólicos que muestran la hilacha de lo que han querido disimular las gloriosas terminaciones políticas de la frase y de la fase acabadas.

43. Citado por Ricardo Forster en *W. Benjamin-Th. W. Adorno: el ensayo como filosofía*, Buenos Aires, Nueva Visión, 1991, p. 34.

# La cita de la violencia: rutina oficial y convulsiones del sentido[1]



El modelo consensual de la "democracia de los acuerdos" que formuló el gobierno chileno de la transición (1989) señaló el paso de la política como *antagonismo* —la dramatización del conflicto regido por una mecánica de enfrentamientos— a la política como *transacción*: la fórmula del pacto y su tecnicismo de la negociación. La "democracia de los acuerdos" hizo del consenso su garantía normativa, su clave operacional, su ideología desideologizante, su rito institucional, su trofeo discursivo.

¿Qué desbordes buscó limitar el consenso, al pretender forzar la unanimidad de voces y conductas en torno a la racionalización formal y tecnificada del acuerdo? Desbordes de *nombres* (la peligrosa revuelta de las palabras que diseminan sus significaciones heterodoxas para nombrar lo oculto-reprimido fuera de las redes de designación oficial); desbordes de *cuerpos* y de *experiencias* (los modos discordantes como las subjetividades sociales rompen las filas de la identidad normada por el libreto político y el spot publicitario con zigzagueantes fugas de imaginarios); desbordes de *memorias* (las

1. Este texto reproduce el primer capítulo de *Residuos y metáforas; ensayos de crítica cultural sobre el Chile de la Transición*, Santiago, Cuarto Propio, 1998.

tumultuosas reinterpretaciones del pasado que mantienen el recuerdo de la historia abierto a una incesante pugna de lecturas y sentidos).

## Memoria y desafecto

La consigna chilena de recuperación y normalización del orden democrático buscó conjurar el fantasma de las múltiples roturas y dislocaciones de signos producidas durante la dictadura, encargándole a la fórmula del consenso la tarea de neutralizar los contrapuntos diferenciadores, los antagonismos de posturas, las demarcaciones polémicas de sentidos contrarios, mediante un pluralismo institucional que obligó a la diversidad a ser "no-contradicción",[2] es decir, cadena pasiva de diferencias que se yuxtaponen indiferentemente unas a otras sin confrontar sus valores entre sí para no desapaciguar el eje de reconciliación neutral de la suma. Pluralismo y consenso fueron los temas llamados a interpretar una nueva multiplicidad social cuyos flujos de opinión debían, supuestamente, expresar lo diverso, pero cuya diversidad tenía que ser, a la vez, regulada por los pactos de entendimiento y negociación que estaban destinados a contener sus excesos a fin de no reeditar los anteriores choques de fuerzas ideológicas que habían dividido el pasado.

El paradigma de normalidad y legitimidad políticas que establece el consenso para controlar la pluralidad heterogénea de lo social hizo necesario disciplinar antagonismos y confrontaciones, fijando límites destinados a proteger el acuerdo de las fuerzas vivas que amenazaba con desbordar la formalidad de su acto de constitución.[3] El consenso oficial excluyó del protocolo de su firma la memoria de la disputa (razones y pasiones) que habían luchado en el interior del proceso de elaboración de su pacto discursivo. Lo Uno del consenso oficializado por la

2. Esta reflexión sobre los efectos de indiferenciación de las diferencias que produce el "relativismo valorativo" del pluralismo de mercado recorre distintos capítulos de Beatriz Sarlo, *Escenas de la vida postmoderna*, Buenos Aires, Ariel, 1994.
3. Véase Carlos Ruiz: "Concepciones de la democracia en la transición chilena", en *Seis ensayos sobre teoría de la democracia*, Santiago, Andrés Bello, 1993.

transición se resiste todavía a aceptar no sólo que toda objetividad social "presupone necesariamente la represión de aquello que su instauración excluye"[4] sino, además, que las fuerzas negativas de lo excluido deben seguir inquietando los límites de normalización de lo político para impedir que el trazado de identidad oficial sacrifique la memoria de sus "otros" y borre de su última definición normativa el rastro plural de los conflictos que anteriormente la habitaban.

El consenso oficial de la transición desechó aquella memoria privada de los desacuerdos (aquella memoria anterior a la formalización del acuerdo) que habría dado cuenta de la vitalidad polémica —controversial— de sus mecanismos de constitución interna. Pero también, y sobre todo, eliminó de su repertorio de significados *convenidos* la memoria histórica del antes del consenso político-social: la memoria de un pasado ahora juzgado *inconveniente* debido a las guerras de interpretación que sigue desatando entre verdades y posiciones todavía sin ajustar, en conflicto.

La memoria es un proceso abierto de reinterpretación del pasado que deshace y rehace sus nudos para que se ensayen una y otra vez sucesos y comprensiones. La memoria remece el dato estático del pasado con nuevas significaciones sin clausurar que ponen su recuerdo a trabajar, llevando comienzos y finales a reescribir otras hipótesis y conjeturas para desmontar el cierre explicativo de las totalidades demasiado seguras de sí mismas. Y es la laboriosidad de esta memoria insatisfecha, que no se da nunca por vencida, la que perturba la voluntad de sepultación oficial del recuerdo mirado simplemente como un depósito fijo de significaciones inactivas.

"El consenso es la etapa superior del olvido",[5] dice Tomás Moulian, en alusión al mecanismo de "blanqueo" que, en la escena chilena de la transición, fue despejando las agudas con-

4. Ernesto Laclau, *Nuevas reflexiones sobre la revolución de nuestro tiempo*, Buenos Aires, Nueva Visión, 1993. Dice Laclau: "Toda objetividad es una objetividad amenazada. Si a pesar de esto ella logra afirmarse parcialmente como objetividad, esto sólo puede darse sobre la base de reprimir aquello que la amenaza. Estudiar las condiciones de existencia de una cierta identidad social es equivalente, por lo tanto, a estudiar los mecanismos de poder que la hacen posible", p. 48

5. Tomás Moulian, *Chile actual, anatomía de un mito*, Santiago, Arcis/Lom, 1997, p. 37.

tradicciones en torno al valor histórico del pasado y también limando los desacuerdos sobre las finalidades de un presente en el que "la política ya no existe más como lucha de alternativas, como historicidad", sino como "historia de las pequeñas variaciones, ajustes, cambios en aspectos que no comprometen la dinámica global".[6] Pequeñas variaciones, ajustes y cambios que anuncian un futuro prerreconciliado: un futuro descargado de toda expectativa, aligerado del peso de la incertidumbre cuyo mérito radicaba en dejar abierto el campo de decisiones y apuestas que rodea lo aún no determinado, manteniéndolo políticamente tenso y vibrante.

La transición les encargó a los administradores oficiales del consenso la tarea de atenuar las marcas de la violencia que permanecía adherida al contorno de las palabras que nombran la conflictualidad del recuerdo ("postdictadura"), para reducir —eufemísticamente— la gravedad de sentido contenida en su dramática de los hechos ahora neutralizada con el nombre "transición". Según ésta, ya nada intolerable, nada insufrible, debería echar a perder las celebraciones oficiales de lo llevadero. La inofensividad de los nombres, su permisividad banal, se vale hoy de palabras sin emoción ni temblor para transmitir significados políticos que han sido rutinizados por la monotonía locutoria de los informativos noticiosos. Si bien el consenso político sabe "referirse a" la memoria —la evoca como tema y la procesa como información—, no es capaz de ***practicarla*** y menos de ***expresar sus tormentos.*** "Practicar" la memoria implica disponer de los instrumentos conceptuales e interpretativos necesarios para investigar la densidad simbólica de los relatos de la historia; "expresar sus tormentos" supone recurrir a figuras de lenguaje (símbolos, metáforas, alegorías) suficientemente conmovidos y conmovibles para que entren en relación solidaria con el pasado victimado. El consenso oficial nombra hoy la memoria con palabras libres de toda convulsión de sentido, para que ninguna desatadura emocional del recuerdo altere el formulismo minuciosamente calculado del intercambio político-mediático.

El libreto oficial del gobierno de la Concertación ha convertido a la memoria en una cita respetuosa pero casi indolora.



6. *Ibid*, p. 39.

Tribunales, comisiones y monumentos a los derechos humanos citan regularmente a la memoria (hacen mención de ella y la notifican), pero dejando fuera de sus hablas diligentes toda la materia herida del recuerdo: densidad psíquica, volumen experiencial, huella afectiva, trasfondos cicatriciales que se resisten a plegarse tan sumisamente a la mera forma cumplidora del trámite judicial y de la placa institucional. Además, la Concertación nos cita indistintamente a todos, nos convoca y nos reúne en torno a la memoria citada para invitarnos a compartir sus anotaciones una vez que éstas hayan sido expurgadas de todo recuento personal. El discurso público salda formalmente su deuda con el pasado sin demasiado pesar, sin casi nunca pasar por las aversiones, suplicios, hostilidades y resentimientos que desgarran a los sujetos biográficos. Como muchas de las palabras puestas a circular anodinamente, sin peso ni gravedad, por las vías comunicativas de la política mediática de la televisión, la palabra "memoria" ha borrado de su verbalización pública el recuerdo intratable, insociable, de la pesadilla que torturó y suplició a los sujetos en el pasado. La memoria, desalojada incluso de las palabras que la nombran,[7] sufre ahora el vacío de una falta de contexto que cancela a diario su pasado de horror, separando y alejando cada vez más el recuerdo histórico del horror de la red de emocionalidad que antes lo hacía vibrar colectivamente.[8] Pareciera que la palabra "memoria", así recitada por el habla mecanizada del consenso, somete el recuerdo de las víctimas a una nueva ofensa: la de volver

7. "Estas operatorias indoloras de la palabra" son la zona donde hoy se consumaría precisamente lo catastrófico: "ya no en el drama, en la empiria funesta de lo que sucedió políticamente, sino en los escombros de las palabras, que hoy sólo habitan rituales simbólicos de reivindicación, de arrepentimiento, de demonización, o de rutinas de lo ya dicho". Nicolás Casullo, "Una temporada en las palabras", *Confines*, nº 3, Buenos Aires, 1996, p. 17

8. El documental *La memoria obstinada* (1997) de Patricio Guzmán desata, precisamente, la vibración colectiva de esta red de emocionalidad: el video muestra el trabajo re-memorante de una memoria dialógica (hecha de intercambios y transferencias comunicativas) que lleva a los personajes a vivir —performativamente— los choques del recordar a través de un recuerdo siempre lleno de partículas biográficas.
Para una lectura del video de P. Guzmán, véase Nelly Richard, "Con motivo del 11 de septiembre; notas sobre *La memoria obstinada*", *Revista de Crítica Cultural*, nº 15, Santiago, noviembre de 1997.

ese recuerdo insignificante al dejar que lo hablen palabras debilitadas por las rutinas oficiales que trabajan en poner los nombres cuidadosamente a salvo de cualquier investigación biográfica sobre lo convulso y lo fracturado de su materia vivencial. Palabras reducidas a la lengua insensible de la certificación objetiva —la del informe político, la del análisis sociológico— que nos dicen algo, en el mejor de los casos, de lo que el pasado "fue", pero sin que la referencia a ese "haber sido" de la indignidad vea sus convenciones expresivas trastocadas por lo inaguantable de la sustancia vivida del recuerdo. El trazado demasiado bien asegurado de la fórmula consensualista se protege de verse remecido por algún trastorno de conducta, algún sobresalto en la voz, que delate los paroxismos de la furia y de la desesperación.

## Roturas biográficas, desarticulaciones narrativas

La experiencia de la postdictadura anuda la memoria individual y colectiva a las figuras de la ausencia, de la pérdida, de la supresión y del desaparecimiento. Figuras rodeadas todas ellas por las sombras de un duelo en suspenso, inacabado, tensional, que deja sujeto y objeto en estado de pesadumbre y de incertidumbre, vagando sin tregua alrededor de lo inhallable del cuerpo y de la verdad que faltan y hacen falta.

La ausencia, la pérdida, la supresión, el desaparecimiento, evocan el cuerpo de los detenidos-desaparecidos en la dimensión más brutalmente sacrificial de la violencia, pero connotan también la muerte simbólica de la fuerza movilizadora de una historicidad social que ya no es recuperable en su dimensión utópica. Esa fuerza de historicidad fue vivida por la cultura, durante el régimen militar, como lucha de sentidos, como lucha por defender un sentido urgido y urgente. Sin duda que la epopeya de reinventar lenguajes y sintaxis para sobrevivir a la catástrofe de la dictadura que sumergió cuerpos y experiencias en la violencia desintegrativa de múltiples choques y estallidos de identidad y el haber tenido que enfrentarse con los códigos como si la batalla del sentido fuese asunto de vida o muerte debido a la peligrosidad del nombrar sometieron las prácticas culturales y las biografías sociales a sobreexigencias de rigor y certeza que terminaron agobiándolas. Muchas subjetividades, cansadas del disciplinamiento heroico de ese maximalismo combatiente que ayer las gobernaba, prefieren hoy complacerse en las pequeñas satisfacciones neoindividualistas de lo personal y de lo cotidiano, de lo subjetivo, como tácticas parciales de retraimiento y distraimiento que crean la ilusión de ciertas "autonomías relativas respecto de las estructuras del sistema" cuando ya no es posible creer razonablemente en su próximo derribamiento.[9]

Pero, además, la transición democrática y sus redes de normalización del orden desactivaron el carácter de *excepcionalidad* que revestía la aventura del sentido, cuando se trataba de combatir el horror y el terror desde zonas del pensar en constante estado de emergencia. Ese valor de lo extremo antes convocado por la pasión rebelde de defender verdades *insustituibles* (absolutas) pasó a formar parte del régimen de plana *sustitución* de los signos que hoy, en nombre del relativismo valorativo,[10] desenfatiza las voluntades y las pasiones de cambio.

Cualquiera sea el motivo dolido de la renuncia, la condición postdictatorial se expresa como "pérdida de objeto" en una marcada situación de "duelo":[11] bloqueos psíquicos, repliegues libidinales, paralizaciones afectivas, inhibiciones de la voluntad y del deseo frente a la sensación de pérdida de algo irreconstituible (cuerpo, verdad, ideología, representación). El pensamiento de la postdictadura es, tal como lo señala Alberto Moreiras, "más sufriente que celebratorio": "como el duelo que debe fundamentalmente al mismo tiempo asimilar y expulsar, el pensamiento trata de asimilar lo pasado buscando reconstituirse, reformarse, siguiendo líneas de identidad con su propio

9. M. Hopenhayn dice, por ejemplo: "Desprovistos del Gran Proyecto, lo cotidiano se convierte en lo que es: la vida de cada día y de todos los días. ¿Sano minimalismo? Tal vez: todos tienen sus pequeños proyectos capaces de colmar y justificar el día, la semana, el mes o a lo sumo el año. La Misión se disemina en programas, iniciativas que nacen y mueren, propuestas locales... El minimalismo se ha convertido en un valor bien visto para la acción de todos los días". Martín Hopenhayn, *Ni apocalípticos ni integrados*, Santiago, Fondo de Cultura Económica, 1994, pp. 22-26.

10. "Es triste y de una mediocridad terrible", dice la Agrupación de Familiares de Detenidos Desaparecidos, "renunciar a estos valores absolutos por otros relativos" en su *Recuento de Actividades Año 1992*, p. 148.

11. Alberto Moreiras, "Postdictadura y reforma del pensamiento", *Revista de Crítica Cultural*, nº 7, Santiago, noviembre de 1993.

pasado; pero trata también de expulsar su cuerpo muerto, de extroyectar su corrupción torturada".[12] Ese dilema melancólico entre "asimilar" (recordar) y "expulsar" (olvidar) atraviesa el horizonte postdictatorial con narraciones divididas entre el *enmudecimiento* —la falta de habla ligada al estupor de una serie de cambios inasimilables, por su velocidad y magnitud, a la continuidad de experiencia del sujeto— y la *sobreexcitación*: gestualidades compulsivas que exageran artificialmente ritmo y señales para combatir su tendencia depresiva con una movilidad postiza. Por un lado: biografías cautivas de la tristeza de un recuerdo inamovible en su fijeza mórbida. Por otro lado: relatos livianos que se precipitan histéricamente en la sobreacumulación de lo pasajero festejando con ella el guiño trivial de la novedad publicitaria. Del enmudecimiento a la sobreexcitación, del padecimiento atónito a la simulación hablantina, las respuestas al recuerdo de la tragedia hablan (consciente o inconscientemente) de la problematicidad de la memoria histórica en tiempos de postdictadura como una memoria tironeada entre, por un lado, la petrificación nostálgica del ayer en la repetición de lo mismo y, por otro, la coreografía publicitaria de lo nuevo que se agota en las variaciones fútiles de la serie-"mercado".

La destitución y restitución de la historia (de la historia como *volumen* y *acontecimiento*) por la plana superficie del consenso administrado y sus mecanismos de desapasionamiento del sentido generó, en ciertos actores sociales, el efecto retrospectivo de una intensificación nostálgica del recuerdo de la antidictadura y de su épica del metasignificado. La mitologización del pasado histórico, como emblema de pureza e incontaminación de los ideales políticos, condujo a una santificación de las víctimas destinada a remediar así la falta de ejemplariedad heroica de un presente rendido a la mera pragmática de actuaciones ya carentes de toda rebeldía moral. El debilitamiento de aquel universo de sentido nítidamente marcado, bajo la dictadura, por oposiciones tajantes entre oficialismo y disidencia, que iban acompañadas del *pathos* de una batalla monumental, produjo desastrosos efectos de vaciamiento utópico. De ahí el síntoma melancólico-depresivo que afecta al sujeto de la postdictadura, dejándolo tristemente sumergido en el decaimiento,



12. *Ibid*, p. 27.

en el repliegue del silencio o de la inacción, porque se encuentra "incapaz de garantizar la autoestimulación suficiente para iniciar ciertas respuestas".[13]

La pérdida de una macrorreferencialidad de sentido ayer polarizada por la lucha frontal entre opuestos y la fragmentación relativista de los valores que marcan el horizonte "post" fueron experimentadas por algunos como algo liberador por la manera en que rompían la jerarquía opresiva del sentido único que obligaba a las verdades totales en los tiempos doctrinarios del credo ideológico. Pero estos quiebres de horizontes fueron sobre todo vividos por las biografías militantes como una desorientación pánica frente al estallido de las coordenadas de interpretación que, antes, ordenaban sus visiones de mundo según el trazado unívoco de centralidades definidas y de totalidades homogéneas y que, ahora, las encuentra privadas de alguna certeza de pertenencia e identificación. El paisaje de la transición se llenó de centralidades difusas y de márgenes corridos cuyos mecanismos de control se han vuelto ubicuos en sus razones y poderes, segmentados por escalas de valores oscilantes que ya no son éticamente confrontables entre sí. Se ha formado un mapa de conversiones oportunistas donde no hace falta ser consecuente con nada, porque las biografías y las identidades mutan según el mismo ritmo veloz de permutación de los servicios y de las mercancías que celebra el neoliberalismo, en superficial armonía con las lógicas del cambio del mercado, obedientes a los estímulos del gusto.

Pero, además, el horizonte utópico de la lucha contestataria de antes —un horizonte que se ve diariamente traicionado por el conformismo adaptativo de los nuevos enrolamientos sociales en las filas del poder político y del éxito económico— acusa fracturas traumáticas que inhiben las recordaciones de la memoria y que censuran las conexiones entre pasado y presente, volviendo inenarrable la brecha moral o psíquica que escinde el proyecto de vida de los actores convertidos de la historia.[14]

13. Julia Kristeva, ***Soleil noir; Dépression et Mélancolie***, París, Gallimard, 1987, p. 19. (La traducción es de la autora). [*Sol negro. Depresión y melancolía*, Caracas, Monte Ávila, 1987].

14. T. Moulian dice: "Para muchos de los convertidos que hoy hacen carrera por algunas de las pistas del sistema, el olvido representa el síntoma oscuro del remordimiento de una vida negada. Ese olvido es un recurso de

Frente a las múltiples desvinculaciones entre pasado y presente que fabrican las tecnologías del olvido —unas tecnologías expertas en suprimir las articulaciones biográficas e históricas de las secuencias que integra y en borrar la problematicidad de sus enlaces—, quizá debamos activar la proliferación de relatos capaces de multiplicar tramas de narratividad que pongan en marcha adelantamientos y retrospecciones. Sólo así podría llegar la temporalidad de la historia a devolverse sobre sí misma en cada intersección de hechos y palabras, haciendo saltar la imagen mentirosa de un "hoy" desligado de todo antecedente y cálculo oficiales.[15]

El presente de la transición se aprovecha de esta incomodidad social del recuerdo y, también, de la autocensura con la que sus protagonistas cortan los hilos entre el "antes" y el "después" para proteger su "hoy" de toda comparación; para divorciarlo de cualquier anterioridad a partir de la cual reclamar fidelidades o sancionar incoherencias. La actualidad chilena de la transición se vale de ese "hoy" brevemente recortado —sin lazos históricos— para saturar el presente con el descompromiso de fugacidades y de transitoriedades que sólo cargan de ritmo y virtudes a lo momentáneo, para que la historia se vuelva olvidadiza. Instantaneidad y momentaneidad son, además, los recursos frívolos con los que la novedad de la transición disfraza la ambivalencia de su juego de máscaras entre el presente de la reapertura democrática y el pasado de la dictadura. En efecto, el gobierno del consenso partió exhibiendo su marca de distanciamiento y ruptura con el mundo de antagonismos de la dictadura pero, al mismo tiempo, su democracia neoliberal no hizo sino aliarse con la hegemonía del mercado para garantizar así la "reproductibilidad" de las políticas modernizadoras del régimen

---

protección ante recuerdos lacerantes, percibidos por instantes como pesadillas, reminiscencias fantasmales de lo vivido. Es un olvido que se entrecruza con la culpa de olvidar. Una vergüenza, no nombrada e indecible, por la infidelidad hacia otros y hacia la propia vida, la vergüenza de la connivencia y de la convivencia". T. Moulian, *op. cit.*, p. 32.

15. Me parece que el inédito éxito masivo del libro de Tomás Moulian *Chile actual; anatomía de un mito*, se debe, en parte, a su condición de libro que cuenta una historia, que relata una memoria de la historia, que va y viene con la memoria en la historia, movilizando un sujeto del "recordar" posicionalmente marcado.

militar.[16] Dicho de otro modo: el presente del consenso tuvo que defender su "novedad" político-democrática —su "discurso del cambio"— silenciando lo no nuevo (lo heredado) de las formas económico-militares de continuación del pasado dictatorial y ocultando esta perversión de los tiempos con el disfraz del autoafirmarse de manera incesante como ***actualidad*** gracias a la pose exhibicionista de un presente trucado.

## La presencia del recuerdo de la ausencia

Rastrear, socavar, desenterrar las huellas del pasado son las acciones que han realizado sin cesar las agrupaciones de derechos humanos, desafiando la siniestra astucia de un poder que borró las pruebas —los restos— de su criminalidad para poner sus actos a salvo de cualquier verificación material. Rastrear, socavar, desenterrar, marcan la voluntad de hacer aparecer los trozos de cuerpos y de verdad que faltan para juntar así una prueba que complete finalmente lo incompletado por la justicia.

Los restos de los desaparecidos —los restos del pasado desaparecido— deben ser primero descubiertos (des-encubiertos) y luego asimilados, es decir, reinsertados en una narración biográfica e histórica que admita su prueba y teja alrededor de ella coexistencias de sentidos. Para desbloquear el recuerdo del pasado que el dolor o la culpa encriptaron en una temporalidad sellada, deben liberarse diversas interpretaciones de la historia capaces de asumir la conflictividad de las memorias y de ensayar, a partir de las múltiples fracciones disconexas de una temporalidad contradictoria, nuevas versiones y reescrituras de lo sucedido que trasladen el suceso a redes inéditas de inteligibilidad histórica.[17]

16. Esta línea de argumentación aparece ampliamente desplegada en el libro de Tomás Moulian.
17. "Si la memoria es una dimensión activa de la experiencia, si la memoria es menos una facultad que una práctica, el trabajo de la rememoración requiere de quienes (políticos, pero, sobre todo, intelectuales, escritores y artistas, instituciones y espacios colectivos de producción) sean capaces de sostener una compleja construcción permanente. La 'actualización' del pasado depende de cierta ***elección***, de cierta libertad, en el presente, de modo que el pasado no impone su peso sino que es recuperado por un horizonte que se abre al porvenir". Hugo Vezetti, "Variaciones sobre la memoria social", *Punto de vista*, nº 56, Buenos Aires, diciembre de 1996, p. 2.

No se trata, entonces, de dar vuelta la mirada hacia el pasado de la dictadura para grabar la imagen contemplativa de lo padecido y lo resistido en un presente en el que esa imagen se incruste míticamente como recuerdo, sino de abrir fisuras en los bloques de sentido que la historia creía haber cerrado como pasados y finitos, para quebrar sus verdades unilaterales con los pliegues y los dobleces de la interrogación crítica.

Donde se conjuga lo más dramático de la memoria del pasado es en la doble narración cruzada de los detenidos-desaparecidos y de sus familiares que luchan contra la *desaparición* del cuerpo, teniendo que producir incesantemente la *aparición* social del recuerdo de esta desaparición. "El compromiso con el recuerdo es la clave central de las elaboraciones simbólicas de los familiares de las víctimas"[18] que, frente a la ausencia del cuerpo, deben prolongar la memoria de su imagen para mantener *vivo* el recuerdo del ausente y no hacerlo "desaparecer" una segunda vez mediante el olvido. "El sufrimiento del recuerdo es usado para dar vida a la muerte":[19] la obsesividad fija del recuerdo no puede dejar de repetirse porque su esfumación duplicaría la violencia de la primera tachadura de identidad ejecutada por la desaparición, haciendo que ambas sean cómplices de una supresión total (en el espacio y en el tiempo) de los rastros del sujeto. Es "de vida o muerte", entonces, que perdure el recuerdo en la memoria de los familiares de las víctimas. Por eso la inagotable recordación del suceso traumático que reitera la pérdida, que la vuelve a marcar, contradiciendo así —por saturación— la ausencia de huellas con la que el mecanismo social y político de la desaparición ejecutó la supresión material de los cuerpos; por eso la multiplicación de los actos simbólicos del acordarse que re-definen el recuerdo contra la indefinición de la muerte sin certeza; por eso la voluntad de *actualización de la memoria* contra la *desmemoria de la actualidad* mediante una letanía "reiterada al infinito como un canto monocorde" que, en su repetición, pretende "exorcizar del olvido al nombre invocado".[20]

18. Hernán Vidal, *Dar la vida por la vida*, Santiago, Mosquito Editores, 1996, p. 90.
19 *Ibid.*
20. Germán Bravo, *4 ensayos y un poema*, Santiago, Intemperie Ediciones, 1996, p. 25.

Pero, ¿en qué lenguaje hacer oír la desesperación del recuerdo y su insuprimible demanda de actualidad en un contexto donde tanto el recuerdo como la actualidad han sido banalizados por las técnicas deshistorizadoras de un presente mediático que ha roto toda ligadura entre "política" y "sensibilidad"?

Son varias las técnicas del olvido que llaman hoy a desentenderse del pasado: a dar vuelta la página de lo sucedido, para perder la cabeza en la transitoriedad de los efectos en los que se envuelve paródicamente la transición que disimula con ellos su "realidad estacionaria e intransitiva",[21] o bien para mirar hacia el futuro, es decir, hacia el infinito: hacia el sinfín del capitalismo de fin de siglo como telón de fondo de una poderosa máquina de ingenios, trueques y humillaciones. Entre las varias técnicas del olvido, está el consenso con sus postulados de orden y reintegración social, que aconsejan dejar fuera del vigilante límite de similaridad de su tranquilizador "nosotros" la disimilitud molesta del "ellos": los que encarnan el pasado, los que llevan sus estigmas en carne viva sin querer maquillarlos con las cosméticas del bienestar y sus modas de la entretención. Están las políticas de obliteración institucional de la culpa que, a través de las leyes de no castigo (indulto y amnistía), separan la verdad de la justicia desvinculando a ambas —por decreto— del reclamo ético de que los culpables identificados no salgan ganando una segunda vez de ese mismo operativo perverso de la desidentificación. Y, además, tejiendo asociaciones secretas entre ambas redes de conveniencia y transacción, están las disipativas formas de olvido que los medios de comunicación elaboran diariamente para que ni *el recuerdo* ni *su supresión* se hagan notar en medio de tantas finas censuras invisibles que restringen y anestesian el campo de la visión ("se goza en la telenovela, en el partido de fútbol y, en esa narración

21. "Es probable que el recelo con el vocablo 'transición' provenga de que lo usamos —no inocentemente— para referir un estado de cosas respecto del cual, sabemos, no transita ni está en vías de ello: estado de cosas del que presentimos no sufrirá traslación alguna, o que ya transitó definitivamente, y que a partir de éste, su último tránsito, nunca más transitará, amenazándonos con su estadía definitiva. La actual transición es lo que no se va, una estación conservadora que permanece sin que nada vaya a sucederle". Willy Thayer, *La crisis no moderna de la universidad moderna*, Santiago, Cuarto Propio, 1996, p. 169.

flasheo, se pierde sin avatares el sentido de lo digno... Mientras tanto lo represivo se acrecienta novedosa e inmisericordemente").[22]

Los familiares de las víctimas saben de la dificultad para mantener a la memoria del pasado viva y ***aplicada***, cuando todos los rituales consumistas se proponen distraerla, restarle sentido y fuerza de concentración. Por eso, la interminable lista de declaraciones, hechos y noticias, que publica regularmente la Agrupación de Familiares de Detenidos-Desaparecidos en su ***Resumen de actividades*** de cada año; por eso, la documentación de los quehaceres neuróticamente multiplicados en torno a la persecución de la verdad y los cuerpos que trata de reconstruir el verosímil de una normalidad cotidiana ansiosa de producir señales y mensajes objetivos que rellenen, con ese sustituto, el vacío subjetivo dejado por la ausencia. La voluntad de rememoración y de conmemoración de la pérdida que tratan de mantener viva los familiares de las víctimas choca con el universo pasivo de sedimentada indiferencia que hoy conjuga maquinaciones y espontaneidades, voluntades de cálculo y automatismos, imposiciones y disposiciones, todas aliadas entre sí a la hora de producir en conjunto el desgaste significante de los actos y de las palabras ("pasado", "memoria", "recuerdo") que antes se cargaban de rigor y de emotividad. La memoria del "¿dónde están?" ya no encuentra donde alojarse en este paisaje de hoy sin narraciones intensivas, sin dramatizaciones de la voz. Sobre esta ***inactualización del drama*** reflexionaba Germán Bravo, a propósito de los testimonios de la Agrupación de Familiares de Detenidos-Desaparecidos y de la dificultad para inscribir su problemática de la memoria en un Chile de la transición que sólo parece oír su lamento como si se tratara de "un canto aburrido, de un canto que ya perdió todo son, todo cambio de tono, un nombre [...] enfrentado a la estatura del tiempo con la sola fuerza de su repetición. La repetición al infinito de un nombre insoportable. De un nombre devenido inexpresable e inaudible".[23]

"La justicia no es transable", dice la Agrupación de Familiares de Detenidos-Desaparecidos, es decir, "el dolor de cada uno y de

22. "De imagen y verdad", revista ***Contagio***, nº 3, Bogotá, Comisión Intercongregacional de Justicia y Paz, 1996, p. 3.



23. Bravo, ***op. cit.***, p. 25.

todos no se puede cuantificar".[24] La *experiencia* del dolor sería, entonces, lo incuantificable: lo irreductible a la ley cambiaria del mercado, experta en nivelar cualidades y propiedades para su más fácil conversión al régimen de equivalencia neutral de la forma-mercancía y de la forma-signo. Pero ¿cómo manifestar el *valor* de la experiencia (es decir, la materia *vivida* de lo singular y de lo contingente, de lo testimoniable)[25] si las líneas de fuerza del consenso y del mercado estandarizaron las subjetividades y tecnologizaron las hablas, volviendo monocorde su expresión para que le cueste cada vez más a lo irreductiblemente singular del acontecimiento personal dislocar la uniformación pasiva de la serie? ¿Dónde grabar lo más tembloroso del recuerdo si ya casi no quedan superficies de reinscripción sensible de la memoria donde trasladar ese recuerdo para salvarlo de la rudeza, de la mezquindad y de la indolencia de la comunicación ordinaria?

## Temblores de la representación

Hablar de superficies de reinscripción sensible de la memoria es hablar de una escena de *producción de lenguajes*, de los medios expresivos para restaurar la facultad de pronunciar el sentido, poniendo el horror a distancia gracias a una mediación conceptual o figurativa capaz de desbrutalizar en algo la vivencia inmediata de los hechos. Sólo una escena de producción de lenguajes permite quebrar el silencio traumático de la no palabra cómplice del olvido y, además, salvarse de la repetición maníaco-obsesiva del recuerdo, dotando a la memoria de los instrumentos reflexivos del desciframiento y de la interpretación para modificar la textura vivencial y la consistencia psíquica del drama. Imágenes y palabras, formas y conceptos, ayudan a trasladar la resignificación de la experiencia a planos de legibilidad donde la materia de lo vivido se hará parte de una comprensión de los hechos capaz de desenceguecer los nudos de la violencia que antes figuraban sin rostro ni expresión.

24. *Recuento de actividades Año 1991*, p. 45.
25. En su prólogo a *La dialéctica en suspenso; fragmentos sobre historia*, de W. Benjamin (Santiago, Arcis/Lom, 1996; p. 15), Pablo Oyarzún dice: "singularidad, inanticipabilidad y testimonialidad, tal sería un posible catálogo de los rasgos determinantes del concepto heredado de experiencia".

Pero ¿a qué lengua recurrir para que el reclamo del pasado sea moralmente atendido como parte —interpeladora— de una narrativa social vigente, si casi todos los idiomas que sobrevivieron a la crisis han ido reciclando sus léxicos en pasiva conformidad con el tono insensible —desafectivizado— de los medios de masas, y si estos medios de masas sólo administran la "pobreza de experiencia" (Benjamin) de una actualidad tecnológica que no siente ni piedad ni compasión por la fragilidad y la precariedad de los restos de la memoria herida?[26]

¿A qué lengua recurrir, en qué idioma confiar? El ***dilema de la lengua*** surge en Chile de la necesidad de recobrar la palabra después de los estallidos de la dictadura que casi privó a la experiencia de nombres disponibles para comunicar la violencia de su mutilación. Y ese dilema es lo que inquietó —y todavía inquieta— a ciertos escritos de la postdictadura, demasiado honestos y delicados para confesar su malestar, a diferencia de aquellos sistemas de conocimientos que prefieren ocultar, defensivamente, la profundidad de la fractura que amenazó con desintegrar sus moldes disciplinarios para seguir discurseando como si nada, es decir, como si los instrumentos lingüísticos que confeccionan su saber no fueran también parte de la crisis general de significación que nos obliga a revisarlo todo. El discurso de la sociología, por ejemplo, no fue capaz de "re-pensar lo social después de la ruina de lo social".[27] La experiencia límite vivida en el curso de ciertas investigaciones sociológicas sobre derechos humanos encargadas de procesar los testimonios de las víctimas mediante técnicas meramente recolectoras y ordenadoras de datos (técnicas cuyo saber objetivo debía juntar la información contable que perseguía la estadística de la violencia) mostró que ellas no eran capaces de "compartir una misma situación de desgarro

26. La obra del artista Carlos Altamirano (***Retratos***, Museo Nacional de Bellas Artes, 1996) escenifica esta tensión crítica entre ***memoria sensible*** e ***insensibilización de los medios***: una franja mural de recortes fotográficos de imágenes privadas y públicas —trabajada con la visualidad computarizada del diseñador profesional— incorpora una fila de retratos de detenidos-desaparecidos (enmarcados por los "marcos dorados" de los cuadros de museo); retratos cuya huella erosionada trata de mantenerse a flote en medio de la corriente mediática que busca alinearlos, en equivalencia de significantes, con el resto de las imágenes caídas bajo la luz de la extroversión publicitaria.

27. Bravo, ***op. cit.***, p. 33.

*Carlos Altamirano,* ***Retratos****, Museo Nacional de Bellas Artes,*
*Santiago de Chile, 1996.*

ético e intelectual con quien aparecía como su 'objeto de investigación'".[28] Frente a identidades que habían perdido la firmeza de su unidad de significación, el relato profesional de la investigación sociológica seguía abusando de su racionalidad técnica y eficacia metodológica como muestras de una ***distancia del conocimiento*** que bloquea la pregunta formulada por T. Moulian: "¿cómo describir esos infiernos, transmitiendo emociones que permitan la 'comprensión', con el lenguaje circunspecto, congelado, grave, falsamente objetivo de las 'ciencias humanas'?"[29]

Enfrentadas a una misma situación de desarticulación social y política, fueron principalmente dos las respuestas nacionales que intentaron sobreponerse a esta violencia histórica: por un lado, ***el discurso científico-social***, y por otro, ***la textualidad poética***. La primera respuesta, organizada desde la sociología para comprender las transformaciones de la sociedad que ocurrieron bajo el paradigma dictatorial ("represión" y "modernización"), refuncionalizó lo social y lo político mediante análisis ***ajustados a*** los cambios. Mientras tanto, la otra respuesta estalló —***desajustada***— en la escena chilena del arte y de la literatura de los ochenta desde prácticas de emergencia (las de la Avanzada) que juntaron fragmentos trizados de lenguajes al abandono, para narrar —alegóricamente— las ruinas del sentido. El discurso

28. Bravo, *op. cit.*, p. 28.
29. Moulian, *op. cit.*, p. 7.

de las ciencias sociales alternativas analizó la crisis de sentido del Chile dictatorial, pero lo hizo recurriendo al molde disciplinario de un saber institucional que se cuidó mucho de no tener que experimentar —en cuerpo propio, en verbo propio— la dislocación de la razón objetiva que la monumental crisis de verdad y sistema desatada por la dictadura podría haber generado en el interior de sus redes profesionales de conocimiento.[30] El saber de las ciencias sociales ordenó los síntomas de la crisis mediante una lengua reconstituyente de procesos y de sujetos: una lengua, por lo tanto, incompatible —en su voluntad de recomposición normativa— con lo roto, lo disgregado, lo escindido de subjetividades sociales y culturales en trance de pertenencia e identidad. Mientras tanto, los textos críticos del arte y de la literatura, contemporáneos de los análisis técnicos que realizaba la sociología alternativa, buscaron confeccionar equivalencias sensibles que pusieran en correlación de signos, por un lado, el desastre categorial de los sistemas de representación sociales con, por otro, una experiencia del lenguaje hecha de oraciones inconclusas, de vocabularios extraviados, de sintaxis en desarme. En lugar de querer suturar las brechas dejadas por tantos vacíos de representación con una discursividad reunificadora de sentido como la discursividad técnica y operativa de las ciencias sociales, estas "poéticas de la crisis" tramadas por el arte y la literatura de los ochenta en Chile prefirieron reestilizar cortes y fisuras, discontinuidades y estallidos. Al investigar, hoy, la particularidad histórica de cada una de estas dos formas de rearmar significación, queda a la vista que cada una de ellas (la sociológica y la estético-crítica, es decir, la rearticuladora y la desarticulada, la explicativa y la metaforizante, la densa y la tenue) prefiguraban dos modos opuestos de relacionarse con la memoria y el recuerdo. Mientras la sociología trabajaba, profesionalmente, a favor de una versión tecnificada del consenso que debía eliminar de su máquina administrativa de planificación del orden toda opacidad superflua o

30. Al referirse a la tensión del *pensar* como desajuste crítico, como no cierre del presente mediante la consolatoria "política de los nombres" que ejercen "las discursividades transitológicas" y "sus mecanismos reconstructivos", S. Villalobos-Ruminott dice: la sociología no habría pensado la transición en tanto tal, sino que ***habría ofertado la lengua correcta para nombrarla***, S. Villalobos-Ruminott, ***op. cit.***

recalcitrante, el arte y la literatura de la Avanzada exploraban las zonas de conflicto a través de las cuales "figuras postergadas, imágenes indispuestas y desechos de la memoria reemprenden camino hacia las teorías",[31] mediante un "***saber de la precariedad***" (Rella) que habla una lengua suficientemente quebrada para no volver a mortificar lo herido con nuevas totalizaciones categoriales insensibles a su drama. Y son, creo, estas zonas de conflicto, de negatividad y refracción —estas zonas en las que se condensa lo más oscurecido de una contraescena todavía llena de latencias y virtualidades interrumpidas— las que guardan, en el secreto de su tensa filigrana, un saber crítico de la emergencia y del rescate que se encuentra ***a tono*** con lo más frágil y conmovedor de la memoria del desastre.

31. De este saber de la precariedad y de la discontinuidad históricas (que atraviesa obras tan poderosas como las de Diamela Eltit en la literatura y de Eugenia Ritthorn en las artes visuales (hileras), se podría decir que es un saber "constructivo más que nada en sentido benjaminiano": un saber que compone como un mosaico los fragmentos... que la crisis nos ha puesto delante rompiendo los grandes nombres de la lengua de la verdad". Franco Rolla, *El silencio y las palabras; el pensamiento en tiempos de crisis*, Barcelona, Paidós, 1992, p. 70.

# Las mujeres en la calle (con motivo de la captura de Pinochet en Londres en 1998)[1]

El gobierno chileno de la transición que asumió en 1990 diseñó su horizonte político del consenso sobre la base de ciertas gramáticas de la moderación, de la concertación y de la resignación, que crearon la imagen dilatada de una temporalidad uniforme y de plazo indefinido, sin urgencias de cambio ni fracturas utópicas, sin rupturas de planos ni sobresaltos de secuencias, sin narratividad ni suspenso. El formalismo democrático y sus protocolos de gobernabilidad hicieron que la máquina administrativa de la política controlara lo social normalizándolo, regularizándolo. Ningún desequilibrio de tono ni de conducta debía alterar la programación mecanizada de este presente sin riesgos ni incertidumbres, y así fue desde que la Concertación pactó la fórmula de su "democracia vigilada" con los guardianes uniformados del orden institucional. Cuando ya nada dejaba prever que podía romperse esta pragmática de lo razonable coordinada por los dispositivos militares, económicos,

1. Versión corregida del texto publicado con el título "Historia, memoria y actualidad: reescrituras, sobreimpresiones", en *Nuevas perspectivas desde/sobre América latina; el desafío de los estudios culturales*, editora: Mabel Moraña, Santiago, Cuarto Propio/ Instituto Internacional de Literatura Iberoamericana, 2000.

políticos y mediáticos que garantizan la precisión instrumental de los diversos engranajes que unen los pulidos sistemas y subsistemas de la transición, de repente algo tuvo fuerza de "acontecimiento":[2] la sorpresiva captura y detención en Londres, el 16 de octubre de 1998, de Augusto Pinochet, ex dictador y actual senador vitalicio. Algo irruptor y disruptor trastocó la rutina de lo previsible con signos inanticipables y difíciles de asimilar a lo políticamente concebible; algo que dislocó la serie eficiente de arreglos y cálculos del formulismo tecnopolítico, con la brusquedad de un suceso que advino y sobrevino fuera de los acomodos y las preparaciones del régimen transicional. Y si bien, enseguida, la máquina política convencional buscó traducir y convertir a su propia lengua de intereses (partidarios y gubernamentales) el desorden de significaciones que hizo explotar el acontecimiento-Pinochet, alcanzaron a diseminarse los flujos sociales de expresividad discordantes que permanecían no integrados a las codificaciones oficiales. Cuando el paisaje de la transición parecía ya definitivamente saturado de previsibilidad y de rutinario conformismo, clausurado en sus horizontes de cambio por la medianía centrista que impuso sus criterios de razonabilidad para sofocar las turbulencias de identidad y las rebeldías de sentido, el acontecimiento-Pinochet disparó la sorpresa de una multiplicación de voces públicas que trataron de escaparse de las serializaciones del poder, de las definiciones hegemónicas y del ejercicio administrativo de la política.

Los años de la transición en Chile se mostraron expertos en jugar con la falta de sucesos de un presente demasiado estacionario que dibujó compensatoriamente la engañosa paradoja de una actualidad hipernoticiosa; una actualidad que debe ocultar su falta de significados históricos profundos con una sobreabundancia postiza de significantes mediáticos que crean la imagen de un hoy en constante y rápido movimiento, para que la velocidad de circulación de los signos en la pantalla

2. Coincido con M. Vicuña, quien reconoce, en los signos del "accidente Pinochet", la fuerza de "un acontecimiento desencadenante que irradia su resonancia con una intensidad máxima" y que, más allá de la alteración de las prácticas y los modos de pensar corrientes, "movilizó la proliferación de argumentos y palabras, de discursos y dichos, de grafismos y cosas de la dicha y la desdicha". Armando Uribe Miguel Vicuña, *El accidente Pinochet*, Santiago, Editorial Sudamericana, 1999, p. 170.

televisiva no alcance a retener ninguna huella de memorialidad. Distinguir entre actualidad, suceso, noticia y acontecimiento, para que el el presente no quede reducido a la superficialidad de la noticia que los titulares periodísticos editan de su actualidad, podría ser una de las tareas (de "contrainterpretación vigilante")[3] de una crítica interesada en deconstruir algo más que las canonizaciones académicas y los textos clasificados del saber universitario. El "accidente Pinochet" nos enseñó cómo una noticia podía sorprender y desajustar las reglas del control político; romper la homogeneidad del control de los medios y densificar ciertas zonas de significados que la actualidad busca eliminar por considerarlos demasiado ásperos. El acontecimiento-Pinochet demostró tener la fuerza alteradora de un suceso capaz de desalinear las reglamentadas filas del consenso, y de denunciar los abusos y contradicciones de la "democracia de los acuerdos" que sobreprotegieron el formulismo del pacto y sus tecnicismos de la negociación.

La noticia internacional de la captura y detención de Pinochet descompaginó el libreto de la actualidad nacional, haciendo saltar en las pantallas de la televisión imágenes y recuerdos largamente inhibidos por la censura expresiva a la que fue sometida la memoria histórica de la dictadura, borroneados por el operativo de desintensificación del pasado que agenció la transición para neutralizar así la conflictividad del recordar. Con el acontecimiento-Pinochet, la historia y la memoria se volvieron zonas de performatividad mediática, de enunciación política y de intervención social. Los materiales brutos y exaltados de las protestas callejeras que reaccionaron frente a la noticia le proporcionaron a la cámara televisiva la imagen de cuerpos y palabras violentamente sacudidos por el fanatismo, la indignidad y la indignación.

De lo difundido, he retenido ciertas escenas que se superponen y entrelazan, comprometiendo una trama de la memoria

3. J. Derrida habla de la necesidad, para "el filósofo que 'piensa su tiempo'", de prestar atención a "un presente político transformado a cada instante, en su estructura y su contenido, por la teletecnología de lo que tan confusamente se denomina información o comunicación" y de analizar los dispositivos que producen la actualidad, de desmontar la "hechura ficcional" de tal actualidad mediante esta "contrainterpretación vigilante". Jacques Derrida-Bernard Stiegier, *Ecografías de la televisión; entrevistas filmadas*, Buenos Aires, Eudeba, 1998, p. 18.

que la critíca debe ayudar a salvar de la irreflexividad de la noticia que tanto les conviene a los medios.

El hilo conductor que reúne estas imágenes de la actualidad que selecciono aquí lo compone, discontinuamente, la secuencia formada por el trazado agitativo de las protestas de mujeres en las calles de Santiago que fueron convocadas por los comandos pinochetistas para exigir, con furia y estridencias, la liberación del ex dictador. Estos comandos —en su mayoría compuestos por mujeres— no podían sino hacernos recordar las marchas del Poder Femenino que luchaban contra la Unidad Popular. No es indiferente que lo femenino sea el trazo que recorre, sígnicamente, la zona de colisión entre historia y memoria que vincula el hoy de estas mujeres pinochetistas en la calle al *ayer* de las protestas femeninas contra Salvador Allende. No lo es porque las mujeres funcionan como el significante privilegiado de la tensión ***orden/revuelta*** cuando "una crisis amenaza el devenir de un espacio-tiempo simbólico" y la legitimidad de sus sistemas, y también cuando se exacerban las contradicciones de valores entre "modernidad y regresión".[4] Al examinar la actuación de las mujeres chilenas frente a las situaciones de crisis de la historia pasada y reciente, se evidencian las tensiones —entre contención y desbordes— que rompen el equilibrio del discurso vigilado de las políticas oficiales.

## Latencias y estallidos

La memoria hace su trabajo de producción del recuerdo a través de mecanismos voluntarios y también involuntarios. Una forma de hacer memoria, construida y autorreflexiva, consiste en seleccionar materiales del pasado; en desarmar secuencias y desenlaces para rearmar interpretaciones; en recomponer una y otra vez las cadenas de signos que montan el discurso de la historia para confrontar públicamente entre sí relatos, sucesos y comprensiones. Esta forma de memoria reflexiva ha carecido, durante la transición, de las políticas del recuerdo que

4. Michéle Mattelart, "Les femmes et l'ordre de la crise", *Tel Quel*, París, 1977, pp. 9-23.

Las Últimas Noticias $300

*Pinochet en Londres*

**Detenido**

*Juez pedirá su extradición a España*

- *Policía inglesa lo arrestó en la clínica donde se recupera*
- *Gobierno chileno protestó ante el británico por violar inmunidad diplomática del senador*
- *Ingleses dicen que Pinochet no tiene protección diplomática*
- *Mañana viajan jueces españoles para interrogarlo*
- *Ejército exige al Gobierno medidas para resolver la situación*

**UNA FUERTE CUSTODIA** *desplegó la policía londinense en la clínica donde se encuentra internado Pinochet.*

**RÍOS**
**En la madrugada** *de hoy disputaba la final del abierto de Singapur contra Woodforde*

**INTER-LAZIO**
**Confirmados** *Salas y Zamorano para el encuentro de hoy. Si gana el Inter, es puntero*

**ACTUALIDAD**
**LAGOS** se reunió con Yoko Ono 9
**ECONOMÍA:** Cómo evitar una recesión 6
**PROFESORES** estudian propuesta del Gobierno 10
**RUMPI:** Confesiones del "chacotero sentimental" 40

*Portada del diario* ***Las últimas Noticias****, Santiago de Chile, 16 de octubre de 1998.*

permiten deshacer y rehacer sus nudos de argumentación, incluir en su trama de juicios y conciencia el examen crítico de los antagonismos que dividen el sentido de la historia con sus conflictivas luchas de interpretación.

Sin embargo, la materia sedimentada del recuerdo que parece bloqueada por el no trabajo crítico de la memoria termina aflorando cada vez que se rompe la costra del presente y supura la temporalidad herida. Es como si los pasados retenidos y detenidos en el fondo de la memoria estuvieran desde siempre a la espera para colarse subrepticiamente por las grietas de un "tiempo ahora", multiplicando y diseminando sus partículas asociativas en los bordes de mayor saturación y pregnancia simbólicas del recuerdo.

El acontecimiento-Pinochet removió silenciosas capas de olvido y recuerdos, sacando el paisaje de la Concertación de su concertada rutina de la no memoria (olvidar el olvido), debido al repentino estallido de una noticia que pilló desprevenidos a los enmascaradores del secreto de la tortura y de la desaparición. La noticia de la captura de Pinochet hizo explotar varias memorias de la historia nacional y, en particular, la memoria de la Unidad Popular que la razón partidaria de la derecha quiso resucitar con fuerza múltiple para anudar intrigas y confabulaciones en un relato viciado por el dogmatismo, tal como lo muestran los fascículos de historia escritos por el renombrado historiador Gonzalo Vial, ex ministro de Pinochet, y publicados por el diario *La Segunda*, en respuesta (indirecta) a la detención del senador vitalicio en Inglaterra. Saltándose el paréntesis de la dictadura, la memoria de la derecha instaló —propagandísticamente— el recuerdo de la Unidad Popular como peligro, advertencia y conjuro, para que la anterioridad dramática del recuerdo de los tiempos de Salvador Allende le diera causa y origen explicatorios y exculpatorios a la destrucción que vino después. Al borrar a la dictadura de su recuento de la violencia, la derecha chilena transformó el recuerdo de la Unidad Popular en el el único símbolo del pasado nacional que contiene y retiene el odio hacia el adversario ideológico.

Motivada por esta manipulación doctrinaria del pasado ejercida por la derecha, salió a flote una acumulación velada de recuerdos de la Unidad Popular cuya reminiscencia brutal volvió a golpear la retina ciudadana. Entre las múltiples imágenes cargadas de históricas e histéricas resonancias que invadieron las pantallas de la actualidad chilena e internacional, apareció la imagen de las mujeres saliendo a la calle a manifestar tal como lo hacían en los tiempos de la Unidad Popular; la vehemencia de los comandos de mujeres pinochetistas que, con el mismo fervor nacionalista, la misma retórica patriarcal-religiosa, la misma exaltación militarista de antes, nos recordaron al Poder Femenino de la Unidad Popular que encuadraban los militantes de extrema derecha del movimiento Patria y Libertad en los tiempos de "La marcha de las cacerolas" que precipitó el derrocamiento del gobierno de

Salvador Allende en 1973.[5] Que ayer y hoy la mujer haya sido el principal agente de las movilizaciones derechistas en Chile demuestra cómo, en situaciones de crisis, lo femenino pasa a ser el máximo símbolo llamado a elaborar, en torno a la frontera orden/caos, políticas familiares de defensa y protección de la legalidad social supuestamente amenazada de tumulto y sedición.

Para una mujer, invadir la calle y adueñarse de un territorio (masculino) de lucha y acción social es traicionar el mandato de la femineidad burguesa que debe recluirse tradicionalmente en la privacidad del hogar y de la familia. Sólo la emergencia de una crisis vivida con todo el paroxismo de una situación de peligro y desesperación decidirá a las mujeres de la clase alta a cometer esa traición de roles y lo hará siempre y cuando, una vez neutralizado el peligro, ellas vuelvan a las convenciones que implican el confinamiento de los roles (la mujer-esposa, la mujer-dueña de casa, etc.) que aseguran la normalización de las relaciones de poder sexual y de dominación social. Tanto en los años previos al golpe militar como en las marchas pinochetistas de 1998, el levantamiento de las mujeres en una fuerza políticamente activa se basó en el mismo llamado de siempre a defender la cohesión y la estabilidad de la Nación entendida como una ampliación natural de la familia.

El psicoanálisis nos habla de las dificultades que experimentan las mujeres para adherir al contrato social, para integrarse al pacto simbólico de identidad y discurso que regula las relaciones entre sujetos e instituciones. O bien las mujeres —tal como lo ha analizado Julia Kristeva— tienden a sustraerse al marco de autoridad de esta fuerza normativa, permaneciendo en un más acá de los códigos societarios: en la fragmentación y la pulsionalización de lo corporal, en los márgenes de lo somático, para hablar un lenguaje arcaico o primario que se resiste a la razón y el concepto. O bien ellas proyectan sobre el poder la contrainvestidura paranoica del orden simbólico inicialmente negado, transformándose así en las guardianas

5. Consúltese el relato de "La guerra de las mujeres" que consigna S. Montecino en su análisis de "la política maternal" activada por la derecha como fuerza contrarrevolucionaria en los años de la Unidad Popular. Sonia Montecino, *Madres y huachos; alegorías del mestizaje chileno*, Santiago, Cuarto Propio, 1991, pp. 101-108.

del *statu quo*, en las protectoras más celosas del orden establecido.[6] Así se explica el compromiso histórico de las mujeres con los totalitarismos y los autoritarismos: su entrega en cuerpo y alma a las fuerzas del orden con las que cuentan los regímenes de violencia para convertirlas en sus más fervorosas propagandistas. Cuando los valores del orden (continuidad, estabilidad, armonía) se sienten amenazados por la figura caotizante del desorden (antagonismos, divisiones, conflictos) que el poder autoritario-totalitario asocia a la destrucción y la muerte, las mujeres son llamadas a encarnar la defensa de la vida que la ideología materna deposita en su condición "natural" de reproductoras y salvadoras de la especie. Vida/muerte, orden/caos, integridad/disolución son las polaridades en las que interviene el símbolo femenino para salvaguardar la homogeneidad de las esencias y la pureza trascendente de las categorías: Dios, Patria y Familia. El deslizamiento de lo *maternal-familiar* hacia lo *patrio* será efecto de una retórica patriarcal-militarista que erige a la Nación en aquel bien supremo que el sacrificio de las madres deberá defender contra el peligro anarquizante de la revolución, para salvar así lo "familiar" (tradiciones y convenciones) de las rupturas de signos con que las fuerzas del cambio pervierten el tranquilizante conformismo de la normalidad social. La figura del enemigo interno o externo, de todo lo que amenaza con disolver la pureza de la familia y la Nación, va acompañada de una tajante demarcación valórica entre positivo y negativo; una división que les sirve a los guardianes del Orden para consolidar la imagen de solidez e inflexibilidad de su base dogmática de fundamentación categorial. La derecha chilena ha vuelto hoy al adoctrinamiento y la reunificación ideológica en torno a lo "nacional" para combatir los efectos de la nueva "conspiración maléfica" del socialismo internacional que, según ella, organizó la captura y detención de Pinochet en Londres, incitando de nuevo a la guerra de las mujeres contra las fuerzas del desorden y del mal que estarían hoy castigando —injustamente— al "Salvador de la Patria".

Sabemos que, históricamente, el discurso fascista sabe jugar con los deseos, las pulsiones y las fantasías sexuales de las



6. Kristeva, *op. cit.*, p. 356.

mujeres (la sublimación viril del mando, la erotización del principio de autoridad) apoyándose en "la ideología dominante familiarista, católico-moralista de la burguesía capitalista"[7] que activa la subordinación femenina al paradigma del Estado y de la Nación con sus estereotipos de obediencia de la mujer-madre y de la mujer-esposa al Pater, al jefe de familia y al jefe de la Patria. Hoy los protocolos de la autoridad religiosa, que extrapolaron el significado de formas consagradas de religiosidad popular en Chile, siguen condicionando la veneración sumisa de las mujeres pinochetistas a los íconos de la fuerza patriarcal y militar llevándolas hasta el extremo de exhibir —en sus manifestaciones callejeras— un Altar de la Patria portátil cuya pequeña estatua de yeso funde el rostro de Pinochet con el de la Virgen María para conjugar así, en una misma ritualidad creyente, la imaginería católica y el *kitsch* patriótico, el culto mariano y el fervor militarista.

La leyenda "Pinochet es inmortal", grabada en los carteles de los adherentes en Chile y Londres durante su captura, también cruzó la fe religiosa con la glorificación patriótica del poder soberano para que, de paso, la inmortalización de la figura de Pinochet le diera crédito divino a la obra modernizadora del gobierno militar. Una vez santificada, esa obra puede aspirar a perdurar hasta el fin de los tiempos, reproduciendo a perpetuidad el "milagro" neoliberal. El fanatismo religioso de sus adherentes femeninas operó una reabsolutización del símbolo "Pinochet" en el imaginario de la derecha que le transmitió al personaje una fuerza transhistórica. Esta divinización de lo humano, que mitificó la figura del ex dictador sacándolo del terreno demasiado contingencial de la historia para transformarlo en un ícono sobrenatural, sirvió para refundar la intemporalidad de un Orden cuya trascendencia se había visto burlada por la accidentalidad del suceso de su captura y detención. Para una historia tan orgullosa de su estrategia militar de cálculos y preparativos, era necesario reinscribir la figura supraordenadora del destino para conjurar lo indeterminado del accidente que trastocó las infalibles certezas de lo programado. Así fue

7. María Antonieta Macchiocchi, "Les femmes et la traversée du fascisme", *Elements pour une analyse du fascisme*, París, 10/18, 1976, p. 132. (La traducción es de la autora).

como la "Carta a los Chilenos" redactada por Pinochet en Londres, durante su detención en diciembre de 1998, vuelve a invocar a Dios y a la Providencia[8] para que la nefasta suma de fallas y azares del incidente-accidente de su captura terminara finalmente magnificada por la figura suprema de la predestinación.

## Los gritos de la calle

Las imágenes televisivas de los comandos pinochetistas de mujeres que bajaron a la calle para protestar hicieron visibles las territorialidades sociales que reestratificó el poder del dinero en la ciudad de la postdictadura; una ciudad en la que el orden desigual que separa a los ricos de los pobres debe ser custodiado por fronteras municipales, cordones arquitectónicos levantados a fuerza de especulación inmobiliaria que aíslan lo "modernizado" del resto del paisaje urbano, segregando desechos y suciedades fuera del barrido perímetro de acumulación y condensación monetaria. El barrio alto, el barrio de las embajadas y del ascenso empresarial, es la sectorialidad urbana que las mujeres pinochetistas que salieron a protestar a la calle quisieron sobremarcar como dominio reservado, como propiedad inviolable de una clase económica que ejerce su superioridad sobre la base del exclusivo y excluyente privilegio del dinero.

Ahora refugiadas *fuera* de las embajadas —invirtiendo así el recuerdo de los tiempos de la dictadura cuando los recintos diplomáticos les daban refugio político a los perseguidos por el régimen militar—, las mujeres pinochetistas del barrio alto lanzaron sus gritos y consignas de fanáticas mal habladas, deslenguadas. Los gritos de "comunistas de mierda" (los mismos que lanzan las opositoras a Salvador Allende en *La Batalla de Chile* de Patricio Guzmán) surgieron nuevamente desde lo más bajo de la fingida escala de la distinción que tanto se esmera en cuidar la burguesía chilena. En el primer plano de la noticia televisiva, muecas desencajadas vomitaron el odio gritando

8. En reiteradas oportunidades (antes, durante y después del golpe militar), Pinochet ha recurrido a la figura de la divina providencia, para justificar sus actuaciones remitiéndolas al cumplimiento de un orden moralmente —divinamente— superior. Véase Alfredo Jocelyn Holt, *El Chile prerplejo; del avanzar sin transar al transar sin parar*, Santiago, Planeta, 1988, pp. 163-164.

"las groserías, juramentos, maldiciones, y demás géneros verbales de las plazas públicas".[9] La violencia exterminadora del odio resquebrajó la fachada humana de la compostura burguesa con una sucia violencia que corrió el maquillaje de sus obscenas máscaras.

El otro grito de "¡A boicotear los productos ingleses!", lanzado por las dirigentes de la derecha en represalia a Gran Bretaña por el secuestro de Pinochet, puso en evidencia cómo estas representantes exacerbadas del neoliberalismo reconocen en el consumo su único sistema de referencia. Las cuestiones de valores y principios morales que trató de defender la derecha frente a la supuesta ofensa a "la dignidad nacional" que significó el caso Pinochet fueron convertidas por esta misma derecha en los pragmáticos términos de una lógica de mercancías que, en este caso, reemplazó el trueque por el chantaje y el boicot. Nada tan nuevo en relación con la ya extensiva conversión del "ciudadano" en "consumidor" que festeja todos los días el gobierno chileno de la transición: un gobierno que vació lo público de todo lo que lo llenaba de rebeldías, de pasiones y conflictos para, a cambio, alinear gustos y tendencias bajo la uniformidad numérica de una lengua del comprar que sólo premia la rentabilidad monetaria.

Transnacionalización del consumo y globalización económica, derechos humanos y jurisdicción internacional: el caso Pinochet puso flagrantemente en escena el doble filo de la paradoja que atrapa a la derecha en una red de contradicciones entre lo *nacional* (configuración residual de un pretérito sistema de referencias histórico-tradicionales y religiosas, que todavía erige los símbolos patrióticos en bandera de protesta) y lo *postnacional* (reconfiguración mundial de las sociedades bajo los flujos desterritorializadores del capitalismo intensivo y su lógica mercantil). Por un lado, la derecha chilena aplaude el discurso de la globalización económica que favorece la circulación destrabada de los bienes y los valores financieros que convergen, utilitariamente, en la pactación de intereses multiempresariales. Por otro lado, esta misma derecha reclama —en tono anacrónico— la vigencia de aquellos beneficios de inviolabilidad

9. Mijail Bajtin, *La cultura popular en la Edad Media y en el Renacimiento; el contexto de Francois Rabelais*, Madrid, Alianza Editorial, 1987, pp 163-164.

de las fronteras que se vinculan a una soberanía nacional transgredida por el neoliberalismo,[10] cuando le toca afrontar, como inesperada consecuencia de la mundialización que tanto celebra en lo económico, la transnacionalización del derecho y la globalización planetaria de la esfera de la justicia en materia de derechos humanos. La derecha chilena se topó de repente con esa indeseada contraparte (la de la justicia internacional) a la expansión capitalista que subsumió a Chile en la integración globalizada a la economía-mundo. La universalización del valor "derechos humanos" que expandió la noticia internacional de la captura de Pinochet en Londres echó repentinamente abajo el cómodo proteccionismo del que abusó el discurso jurídico de la "territorialidad de la ley" recitado por la derecha chilena para defender los abusos de crímenes aun no sentenciados por los tribunales nacionales de justicia.

Los múltiples tironeos verbales de acentuaciones contrarias que, alrededor de las palabras "internacionalidad", "modernización", "derecho", "universalidad", "soberanía", "territorialidad", invadieron las entrevistas y conversaciones televisivas en torno al caso Pinochet, señalan cómo las mismas palabras —según las hablen los dirigentes pinochetistas, o bien los abogados de derechos humanos— sufren desplazamientos de valor que convierten sus agitados campos de batalla político-discursivos en radicales operativos de apropiación y contraapropiación del sentido. Una vez más, las disputas terminológicas se volvieron contiendas ideológicas: pugnas por el derecho de nombrar y de convertir los nombres y las palabras en sellos de legitimación de la verdad. Y cuando de memoria traumática se trata, recordemos que las palabras del recordar (en este caso, recordar el golpe militar) son palabras que no sólo dividen por el hecho de oponer a defensores y adversarios de la dictadura. Son palabras que dividen, además, porque oponen, por un lado, a los vencedores que controlan el sistema de denominación oficial a través del cual interpretar el pasado (aquellos que buscan imponer sus códigos de referencia histórica como universalmente válidos) y, por otro lado, a los vencidos de la historia (los que

10. De más está decir que el cinismo de este reclamo por la autonomía y la soberanía nacionales se olvida completamente de las múltiples "intervenciones" (económicas y políticas) de los Estados Unidos en Chile que, durante el gobierno de Salvador Allende, apoyaban a la derecha en su lucha antisocialista.

deben batallar por inscribir su letra rota o tachada en algún subrelato que le dispute autoridad a la narrativa dominante; los que no disponen de un vocabulario reconocidamente válido para que su experiencia del desastre adquiera representación y legibilidad públicas).

## La guerra de las imágenes

Con motivo del arresto de Pinochet en Londres, las calles de Santiago pasaron a ser el escenario visual de un enfrentamiento de gestualidades y simbolicidades opuestas cuyas densidades morales y comunicativas chocaron violentamente entre sí. La imagen-recuerdo de las fotografías en blanco y negro de los detenidos-desaparecidos libró su punzante batalla de la verdad contra las simulaciones fotogénicas del héroe Pinochet que levantaron sus defensoras en plena calle. El enfrentamiento entre los grupos de mujeres partidarias del dictador y los familiares de detenidos-desaparecidos se dio en una lengua de imágenes fotográficas. Desfilaron los comandos de mujeres de la derecha chilena exhibiendo los emblemas del culto pinochetista, esta vez retocados por la industria publicitaria: pósters a *full-color* del senador vitalicio, calcomanías y poleras estampadas con la leyenda "Yo amo a Pinochet" donde el verbo "amar" tiene forma de corazón, tal como lo grafican los pósters y calcomanías del mundo entero cuando se trata de promocionar una ciudad o un ídolo popular, con la síntesis gráfica de un idioma sin fronteras que ha sido transnacionalizado por el consumo de masas. Las beneficiadas partidarias de la modernización económica del régimen militar eligieron, para graficar sus mensajes de adhesión a Pinochet, un código de serialización comercial y turística de la imagen que rige el feliz devenir-mercancía de los signos en la era del capitalismo intensivo. En el dolido reverso de esta industrialización publicitaria y turística de las imágenes del consumo que viven de la banalidad de la serie y de las *apariencias* (logotipos y estereotipos), las mujeres de la Agrupación de Familiares de Detenidos-Desaparecidos que se enfrentaron en la calle con los comandos pinochetistas reclamaban, ellas, por la verdad y la justicia de una *aparición*.

Los retratos de desaparecidos que exhiben sus familiares muestran una fotocopia en blanco y negro, gráficamente contemporánea de los panfletos revolucionarios que agitaban un tiempo de militancias (el de los años sesenta) anterior a la modernización de la política, que hoy se vale de las tecnologías mediáticas de los profesionales de la imagen. El desgaste de la fotocopia en blanco y negro de los retratos de desaparecidos políticos opone al brillo publicitario del afiche de Pinochet una premodernidad técnica que niega la actual tecnomediatización de lo social que ha dejado muy atrás los tiempos en que lo político tenía espesor ideológico y vigor contestatario. En los carteles de propaganda que exhiben sus admiradoras, Pinochet les sonríe tanto al pasado de la dictadura como al futuro de su liberación, dueño de una pose fotográfica que desafía la eternidad, mientras que las fotos de los desaparecidos hablan del lapso de derrota de una temporalidad histórica que ha quedado sumergida en la fosa común de la actualidad neoliberal por todo lo que la noticia de la transición ha dejado sin editar: biografías truncas y subjetividades heridas, cuerpos dañados y afectividades rotas. En las calles, el desfile de los familiares que exhiben el retrato de sus desaparecidos llama a quienes los rodean a participar de los restos alegóricos de una disuelta ceremonia de parentescos. Si las fotos de álbum de los retratos de desaparecidos evocan a la familia como marco narrativo, hoy estos retratos sueltos, descompaginados, acusan a lo "nacional" —el emblema de la derecha que defiende a la "familia chilena"— de no ser sino un simulacro de unidad que ha privado a los cuerpos lesionados y las identidades mutiladas de los vínculos reparadores de un lazo solidario con las víctimas.

Contra la superficie lisa y transparente —indemne— de la imagen victoriosa de Pinochet que sonríe pese a todo en una imagen fotogénicamente coincidente con los nuevos tiempos de mediatización de la política, debe batallar la opacidad de un grano fotográfico cuya precariedad y devastación materiales acusan el reviente de una trama histórica hecha de supresiones y postergaciones, de diferimientos y borraduras. El grano de los retratos fotocopiados en blanco y negro de los desaparecidos parecería estar técnicamente inhabilitado para competir —en nitidez y evidencia— con el rostro de Pinochet saturado de cromatismo televisivo. Ése es un rostro que pertenece, en forma y contenido, a los tiempos de la política como imagen y espectáculo promovida por la transición para distraer la atención de lo que falta (los cuerpos y la verdad) con todo lo que sobra: las gratificaciones mercantiles y su estilismo publicitario de lo nuevo. El blanco y negro de la foto de los desaparecidos —cargado del rigor ético que acompaña el duelo— muestra el dolido reverso del hipercapitalismo global que celebraba el póster a ***full-color*** del ex dictador. Las calles de Santiago mostraron esta confrontación dolorosamente asimétrica entre la ***imagen-mercancía*** (Pinochet como ***souvenir***) y el ***recuerdo-fetiche*** (los desaparecidos cuya fotografía desaparece cada vez más en la fotocopia): un recuerdo-fetiche que parece decirnos que la memoria en pena de la desaparición sólo puede hablarnos de su duelo incompleto reteniendo el desgaste del recuerdo —como melancólico pretérito visual— en el significante gastado de la fotocopia en blanco y negro.

Mientras la familia pinochetista se reúne en torno al retrato de Pinochet, cuya fotogenia es producto de una cínica operación de maquillaje que ha retocado a la historia de la dictadura con sus cosméticas del buen gobierno, la ética en blanco y negro de las fotos arrancadas del álbum familiar de los desaparecidos hace vibrar —benjaminianamente— el temblor del recogimiento aurático todavía contenido en lo singular irreemplazable de una ausencia-presencia cuyas latencias vibran en el "para siempre a la espera de..."

Muchos de los retratos de las víctimas muestran al desaparecido en una pose cotidiana, fotografiado al azar de situaciones que formaban parte de una continuidad de vida que fue interrumpida por la violencia militar sin que nada, en la pose indefensa, hiciera presagiar el corte homicida que vino después. Las fotos arrancadas del álbum que muestran, en plena calle, a quienes fueron arrancados de sus transcursos de vida, designan doblemente la falta y la sustracción que instala la pérdida, la "desaparición". Si el dispositivo de la fotografía, al "registrar mecánicamente lo que ya no podrá repetirse existencialmente",[11] se encuentra ligado en forma determinante a la muerte y a la desaparición; si lo fotografiado se asocia a lo espectral por compartir el ambiguo registro de lo real-irreal debido al efecto de presencia que recrea la ilusión de

11. Roland Barthes, ***La chambre claire***, París, Gallimard, Le Seuil, 1980, p. 15. (La traducción es de la autora). [***La cámara lúcida***, Barcelona, Gustavo Gili, 1982.]

la persona en vivo al mismo tiempo que la documenta como muerta en el congelamiento técnico de la pose fotográfica, ¿qué decir de las sucesivas muertes que ahuecan el recuerdo del ausentamiento de los desaparecidos? Si la fotografía cumple habitualmente "la función normalizadora que la sociedad confía a los ritos funerarios: reavivar indisociablemente la memoria de los desaparecidos y la de su desaparición, recordar que han estado vivos y que están muertos y enterrados",[12] ¿cómo interpretar la doble fantasmalidad de los cuerpos y los destinos de estas víctimas de "muertes presuntas" que carecen de una materialidad objetivable, de los rastros de una prueba de verdad que certifique un desenlace?

Las batallas de retratos entre las defensoras de Pinochet y sus víctimas que se libraron en las calles de Santiago durante los meses cubiertos por la información de su detención evidenciaron la lucha desigual entre, por un lado, la voz atragantada por la desesperación de quienes llevan años de impotencia reclamándole a la justicia por los huecos de silencio de estas muertes indocumentadas y, por otro, la sobreexposición mediática del cuerpo y de la noticia del ex dictador Pinochet que sigue constituyéndose en vociferante actualidad, sin que ninguna duda —contrariamente a la que socava la espera de los familiares de desaparecidos— mine la prepotencia histórica del dogma militar con alguna señal de arrepentimiento. La única compensación simbólica para las víctimas políticas, en medio de tanta injusticia, es que los retratos de desaparecidos que sus familiares llevan adheridos al cuerpo, al ser retratos que dan la cara, actúan silenciosamente como una perturbadora contestación visual al escándalo del anonimato que protege a los victimarios. Los ojos de las víctimas acusan la inidentificación de quienes ocultan el secuestro y la desaparición protegidos por las multitudes de la calle en las que se disimulan. Es la mirada de los ausentes la que se convierte en el instrumento de un virtual enjuiciamiento de los presentes culpables. Al mostrar el rostro y al buscar la mirada, estos retratos —en donde los ojos de las víctimas siguen mirando fijo— acusan, por inversión de escena, el enmascaramiento de los responsables de su desaparición que, encubiertos por el tumulto de la calle, siguen guardando el secreto del delito no confesado.

12. Pierre Bourdieu, *La fotografía, un arte intermedio*, México, Nueva Imagen, 1979, p. 53.

## Las marcas del destrozo y su reconjugación en plural[1]



El golpe militar no sólo destruyó, materialmente, la regularidad del orden social y político que sustentaba la tradición democrática en Chile, sino que aconteció también, simbólicamente, como "golpe a la representación" (P. Marchant) al desencadenar una sucesión de quiebres y rupturas en todo el sistema de categorías que, hasta 1973, formulaba una determinada comprensión de lo social basada en reglas de inteligibilidad compartidas. La fuerza de irrupción y disrupción del golpe militar trastocó el desarrollo lineal de la continuidad histórica, así como la racionalidad misma de la historia: sus encadenamientos lógicos y sus pactos de comprensión. Ese brutal trastocamiento del sistema de entendimiento que, antes del golpe militar, organizaba la forma del pensar y el nombrar lo social, fue vivido —según el filósofo P. Marchant— como "pérdida de la palabra",[2] es decir, como suspensión traumada del habla debido a

1. Este texto fue publicado en *Pensar en/la postdictadura*, editores: Nelly Richard y Alberto Moreiras, Santiago, Cuarto Propio, 2001.
2. En su prólogo a "Escritura y temblor", Pablo Oyarzún y Willy Thayer —editores del libro— sitúan a la escritura de P. Marchant bajo la toma de conciencia de esa "pérdida de la palabra", teorizada por el mismo autor como

las múltiples trizaduras de la identidad y de la representación causadas por el brusco choque entre lo familiar (la regularidad del orden democrático; sus convenidos hábitos de participación social) y lo siniestamente desconocido (la violencia homicida y sus destrozos).

Entre la pérdida de la palabra y la recuperación del habla, se juega la escena crítica del nombrar la catástrofe (del *cómo* nombrarla) para que, a partir de su marca traumática, la memoria del pasado deje atrás la mudez y la fijeza del síntoma y logre redistribuir un activo espacio de los posibles que multiplique las narrativas en proceso.

## Pérdida del saber y saber de la pérdida

En un importante texto titulado "Postdictadura y reforma del pensamiento",[3] Alberto Moreiras señala que el pensamiento de la postdictadura es "más sufriente que celebratorio", porque está dolorosamente condicionado por los afectos-efectos de la pérdida de objeto que marcan el duelo. Es un pensamiento que transitó, esperanzado, desde la violencia militar hacia las luchas por la recuperación democrática pero, también, desesperanzado, desde el fervor militante de los grandiosos ideales revolucionarios y las solemnes convicciones históricas hacia el escepticismo del valor que hoy cultiva el indiferente relativismo del mercado neoliberal. Es un pensamiento que experimentó, entonces, la tristeza de la desposesión y del fracaso al ver cómo se alejan, difusos, y luego naufragan en un tiempo ya irrecuperable, el motivo utópico y la pasión existencial que justificaban las luchas ideológicas del pasado. Al desvanecerse el sentido que les daba fuerza e intensidad a las subjetividades contestatarias, cunde la melancolía como estado aflictivo de irresolución del duelo.

Las figuras del trauma, del duelo y de la melancolía pasaron a ser las figuras emblemáticas de un cierto pensamiento

---

"zona temblor" de desastre experiencial y de catástrofe de los nombres. Patricio Marchant, *Escritura y temblor*, Santiago, Cuarto Propio, 2000.

3. El texto fue leído en el Seminario "Utopía(s)", División de Cultura del Ministerio de Educación (agosto de 1993) y publicado en el nº 7 de la *Revista de Crítica Cultural*, noviembre de 1993.

crítico de la postdictadura,[4] en tanto figuras que connotan la sensación de irreconocimiento y desamparo que afecta al sujeto del quiebre histórico cuando ese sujeto ya no cuenta con nombres y conceptos suficientemente fiables para verbalizar su experiencia, la radicalidad catastrófica de su devastada experiencia. Trauma, duelo y melancolía (el golpe como trauma, el duelo como pérdida de objeto y la melancolía como suspensión irresuelta del duelo) son las figuras que, extraídas del repertorio freudiano, le prestaron su tonalidad afectiva al pensamiento de la postdictadura que acusa la problematicidad de la tensión entre ***la pérdida del saber*** (de la confianza en el saber como fundamento de una comprensión segura) y ***el saber de la pérdida*** (la reivindicación crítica del desecho, del resto, de la traza, que expresan un "después de" ya irreconciliable con los anteriores modelos de finitud y totalización de la verdad y del sentido).

Esta reflexión crítica sobre el estado de melancolización del pensamiento en (de) la postdictadura encontró uno de sus más finos motivos de productividad filosófico-estética en la alegoría benjaminiana: devastación histórica, arruinamiento del sentido y trabajo sobre las ruinas de una totalidad desfigurada que contiene la promesa redentora de una historicidad rota que sigue vibrando en cada pliegue de su caída. Según Idelber Abelar, "la primacía epocal de la alegoría en la postdictadura" se debe a que es "el tropo de lo imposible", a que ella "responde a una imposibilidad fundamental, un quiebre irrecuperable en la representación".[5] Avelar cifra en la alegoría benjaminiana la capacidad de retratar este quiebre del sentido mostrando las roturas del símbolo, es decir, sin disimular sus resquebrajamientos bajo la máscara sustitutiva o restitutiva de alguna totalidad falsamente íntegra. Aplicado a las narrativas de postdictadura, el recurso alegórico exhibe el agrietamiento de la historia y sus relatos, sin borrar la opacidad silenciosa de la temporalidad herida que acompaña la caída del símbolo: sin rellenar aquellos vacíos de

4. Les debemos a los libros *Tercer espacio: literatura y duelo en América Latina* (Santiago, Arcis/Lom, 1999), de Alberto Moreiras, y *Alegorías de la derrota; la ficción postdictatorial y el trabajo del duelo* (Santiago, Cuarto Propio, 2000), de Idelber Avelar, una poderosa elaboración teórica de estas figuras del trauma, del duelo y de la melancolía.
5. I. Avelar, *Alegorías de la derrota*, p. 25.

inteligibilidad dejados por los huecos de la memoria con los artificios compensatorios de alguna discursividad del recuerdo unificadamente comprensiva.

Fueron distintas e, incluso, opuestas las respuestas al efecto violentador de este quiebre de la representación que formularon los principales sectores del campo artístico, político y cultural chileno. Por un lado, las narrativas ideológicas de la izquierda militante trataron con desesperación de reintegrar lo desintegrado (los símbolos rotos de lo histórico-nacional y lo popular) a totalidades nuevamente orgánicas que reflejaran una visión ***global*** de mundo, como si esto fuese aun posible pese a las desestructuraciones y reestructuraciones de mercado con las que el neoliberalismo ***segmenta*** el presente. Por otro lado, las ciencias sociales tendieron a ocultar las marcas del desarme del pensamiento para reconstruir a la brevedad, como si nada, discursos *ejecutivos*: discursos capaces de poner en orden los desórdenes de lo social gracias a la tecnicidad de ciertos instrumentos expertos en procesar el dato de la violencia, sin dejar que los malestares de la conciencia o los desajustes del sentido perturben la eficiencia de su manejo instrumental. En lugar de tender hacia estas cómodas re-composiciones del sentido, ciertas poéticas críticas del arte y de la literatura de la postdictadura prefirieron confesarse vulnerables y heridas: solidarias de la descomposición e interesadas en reestilizar los fragmentos de las totalidades fisuradas, para expresar con ellos los cortes y sobresaltos de la discontinuidad histórica.

Sabemos de los efectos que el duelo no procesado genera en el sujeto: bloqueos psíquicos, repliegues libidinales, paralizaciones de la voluntad y del deseo frente a la sensación de pérdida de algo irreconstituible (historia, cuerpo, verdad, ideología, representación). El duelo no procesado suele generar el síntoma melancólico-depresivo que inmoviliza al sujeto en la tristeza de una contemplación ensimismada de lo perdido, sin la energía suficiente para construir salidas transformadoras a este drama del sinsentido. Según J. Kristeva, el efecto melancólico-depresivo proviene no sólo de la tristeza dejada por la irrecuperabilidad de lo perdido, sino de una alteración destructiva de los nexos significantes que bloquea la capacidad de representar, es decir, de generar equivalencias simbólicas que transformen el síntoma de la pérdida en palabras e imágenes recreadoras de sentido.[6] La autora nos dice que salir del duelo implica poner en acción mecanismos de ***sustitución***, gracias a los cuales lo perdido es cambiado por la representación de la pérdida, y también mecanismos de ***transposición*** que desplacen la experiencia a registros de figuración y expresión donde se redibuje tal experiencia mediante artificios metafóricos.[7]

La lectura de Kristeva realiza una apuesta a la creación artística y literaria como registro privilegiado de una reconfiguración expresiva del valor traumático de las experiencias límite. Esa apuesta se hace confiando en las redes de polivalencia semántica que la metáfora genera en torno a lo suprimido, al rodear imaginariamente lo ausente con una multiplicidad expresiva de connotaciones de sentido cuya abundancia de imágenes desborda la carencia inicial. Si la trasladamos al escenario de la memoria social del duelo histórico, esta lectura de las relaciones —por construir— entre ***lo perdido*** y sus ***trazas recreadoras*** nos señala la importancia de confiar en las estéticas críticas para que las zonas más estremecidas del recuerdo encuentren fuerza, valor e intensidad, gracias a ciertos trances de la forma y la significación.

Las operaciones más divulgadas de la memoria en postdictadura son aquellas que tienen que ver con el recuerdo como ***monumento*** (la celebración ritualista de una memoria heroicamente congelada en el símbolo histórico: la reificación del pasado en un bloque conmemorativo sin ninguna fisura que lo abra a sus contradicciones), o bien como ***documento*** (las retóricas notificantes de los informes y su objetivación de la prueba que certifican el dato de lo sucedido, recurriendo al lenguaje —monorreferencial— de la denuncia y la acusación). El arte y la literatura críticos se salen de estos manejos instituidos de la memoria, gracias a los estallidos plurisignificantes de un trabajo

6. Remito a la reflexión desplegada en Julia Kristeva, ***Soleil noir, dépression et mélancolie***, París, Gallimard, 1987, pp. 13-78. [***Sol negro, depresión y melancolía***, Caracas, Monte Ávila, 1987.]

7. Dice Kristeva: "trans-poner: en griego ***metaphorein***: transportar —el lenguaje es de partida una traducción, pero en un registro heterogéneo al registro en el que se opera la pérdida afectiva, la renuncia, el quiebre". La traducción metafórica "saca los signos de la neutralidad significante", rompe con la "asimbolía: la pérdida de sentido", multiplicando las redes de traducción y conversión figurativas en torno a la imagen de lo perdido. Kristeva, ***op. cit.***, pp. 53-54. (La traducción es de la autora).

sobre las formas (imágenes, relatos y narraciones) que explora las brechas y fisuras de la representación en toda la singularidad histórica de su accidentación material y lingüística.[8] Las reconfiguraciones crítico-estéticas de esta materia simbólica se detienen en los remanentes turbios de aquellas partículas escindidas de la memoria, que vagan fuera de los ordenamientos históricos, para otorgarle fuerza ética y rigor intelectual a lo que trastocó nuestras categorías de vida y conocimiento. A diferencia de lo sucedido con aquellas racionalidades científicas cuyos marcos de investigación y cuyos léxicos profesionales se siguen exhibiendo indemnes (sin lapsus de conocimiento), las nuevas formas crítico-estéticas de la postdictadura deberán relacionarse con un pensar y un hablar afectados por los cortes y las heridas de la precariedad, en el doble sentido de la palabra "afectados": habitados por el afecto y sacudidos por sus efectos. Estas formas se proponen "acusar el golpe" y los destrozos de la pérdida, sin dejar que el control del saber o la jerarquía del concepto borre la textura subjetiva de lo vivido y sufrido como experiencia. Pero intentan, además, reformular conceptualmente los significados del dolor para articular una distancia reflexiva que las aleje del simple realismo testimonial y afectivo de lo vivenciado. De acuerdo con esta doble exigencia crítica, reformar el pensamiento en postdictadura pasaría, primero, por el reconocimiento de una desoladora y trastornadora marca de la ausencia (pérdida, abandono, desaparición, vaciamiento) y, segundo, por la tarea de trasladar esta marca del pasado enlutado hacia un presente y un futuro que dejen atrás lo muerto para salir así de la repetición enfermiza a la que nos condenaría el duelo no consumado.

Consumar el trabajo del duelo histórico significa poder ***narrar el dolor de la pérdida del pasado***, recurriendo a formas y secuencias que permitan urdir un relato de la ausencia, y significa, también, poder ***narrar la historia como pasado***, desplazándose de lugar y modos en el eje del tiempo —introspectivo y retrospectivo—

8. Según F. Rella: "Habrá que moverse sobre los márgenes de la filosofía, implicando otros modos de entrar en una relación cognoscitiva con lo real: la de las artes, la poesía y la narrativa, que hilvanan concepto e imagen, para pensar la diferencia (de muchas infinitas experiencias individuales) en contra de toda fuerza igualadora del pensamiento". Franco Rella, *El silencio y las palabras*, Barcelona, Paidós, 1992, pp. 215-223.

que habla la pérdida, para no quedar inmovilizado en el punto muerto del recuerdo. Pero no cualquier relato del pasado sirve para cumplir con las exigencias de un pensamiento de la crisis que requiere dar cuenta de la ruina de los fundamentos de plenitud y completud del sentido desde las texturas mismas y filigranas de la narración. Tendrá, entonces, que cuidarse de no borrar la negatividad de una falla histórica cuyas perforaciones de la memoria deben seguir incomodando las retóricas sustitutivas y falsamente reparatorias del recuerdo-en-orden que oficializa el presente transicional. Tendrá que retener esa falla —y su temblor expresivo— para impedir que la positividad satisfecha del sentido que promueve la consigna oficial de la reconciliación administre las marcas del trauma en aquella lengua de pragmáticas reconversiones que hace circular los datos de la memoria como simple información.

Pareciera que uno de los más arduos problemas que enfrenta "la reforma del pensamiento" en postdictadura consiste en esta tensión —insuprimible— entre el querer guardar la memoria dolida de los restos de la descomposición como condición necesaria para no traicionar el recuerdo de las víctimas, es decir, entre el deber ético de no olvidar los restos ni la resta del desaparecimiento y, al mismo tiempo, la necesidad vital de recrear formas de articulación crítica que desplacen las marcas de lo desaparecido hacia nuevas "superficies de inscripción"[9] para que el recuerdo no permanezca adherido al pasado y se abra hacia una comunidad de relatos futuros que reconjuguen su experiencia en plural. Sin esta proyectividad del sentido que mira hacia delante y también hacia los lados —hacia los bordes de agitación de lo nuevo—, el recuerdo de la "pérdida de la palabra" podría naufragar en un puro discurrir sobre la imposibilidad del nombrar y conducir fatalmente al escepticismo impotente que rodea la caída melancólica. Sin esta necesaria proyectividad del sentido, se instala una triple amenaza: de *sustracción* (la retirada de lo social y de lo histórico como objetos perdidos), de *retracción* (alejarse de los campos de batalla pública en los que se

9. Para una sutil reflexión sobre los complejos desafíos (teóricos, políticos, estéticos) que rodean la elaboración de una "política de la traza", véase Jean Louis Déotte, *Catástrofe y olvido; las ruinas, Europa, el Museo*, Santiago, Cuarto Propio, 1998.

debate el protagonismo de la memoria como significado de oposición) y de ***abstracción*** (la no localización del pensamiento en la exterioridad viva de un campo de relaciones)[10]. Esta triple amenaza puede llevar la "fuga melancólica" a no ser sino un "antiproyecto" ensimismado en la contemplación fantasmática de la pérdida de toda objetualidad social y referencialidad política: un antiproyecto" que se exime a sí mismo, en nombre del escepticismo, de la responsabilidad de tener que construir nuevas articulaciones críticas de la memoria en las luchas hegemónicas en torno al pasado que dividen el escenario de la transición.[11] Adheridos al síntoma sin lograr resignificar sus marcas en un discurso operante, hundidos en el descreimiento, ciertos intelectuales de la postdictadura —que sólo prolongan el recuerdo de la pérdida— se sentirían a gusto cultivando la melancolía como refugio asocial de una solitaria renuncia a la realidad. La falta de pulsiones deseantes que rodea la sensación de que el sentido ya carece de valor conduce al melancólico a una pasividad del ser que resulta incompatible con el ánimo batallante que requiere una participación viva en los conflictos político-culturales de la transición democrática. Efectivamente, el extravío del sentido que marca el estado melancólico, el vagar fuera de la representación social sintiéndose extranjero a ella, implican "una pérdida de capacidad para transformar críticamente la realidad" que afecta, en primer grado, a "todos los discursos involucrados con la aprehensión objetiva de lo real y con el intento por producir un efecto de sociedad total —el discurso del saber, la teoría del orden, la concepción realista de la política".[12] Pero pareciera, incluso, que la sombra desvitalizadora de la melancolía afecta cualquier proyecto que, aunque no aspire al macrodiscurso, requiera movilizar

10. El ausentamiento del sentido que marca el estado melancólico implica una profunda dificultad en relacionar-se: si "el duelo es apertura al más allá de lo que es [...] la melancolía es una relación sin relación", dice Federico Galende en "La izquierda entre el duelo, la melancolía y el trauma", *Revista de Crítica Cultural*, nº 17, noviembre de 1998, Santiago, pp . 42-47.

11. Este argumento está ampliamente desarrollado en el texto "Fuga melancólica: aporías del pensamiento crítico chileno sobre la postdictadura", de Ana del Sarto, en *Pensar en/la postdictadura*, editores: Nelly Richard y Alberto Moreiras, Santiago, Cuarto Propio, 2001.



12. Galende, *op. cit.*

ciertas fuerzas de sentido. Recobrar la palabra después de la "pérdida de la palabra", salvándola del naufragio de lo indecible; romper el círculo autorreferencial de una negatividad de la pérdida indefinidamente vuelta sobre sí misma; realizar "el duelo del duelo" (Moreiras) exige retramar ***articulaciones significantes*** y ***conexiones operativas*** para que la memoria enlutada no quede presa de esta soledad melancólica. La tarea es difícil porque, junto con imaginar sentidos futuros que rearticulen la pérdida en nuevas relaciones de contextos, la crítica tendrá que defender el lugar y la posición de estos sentidos futuros en las redes polémicas de la actualidad donde se negocian y se pelean las diferentes estrategias discursivas de la memoria y del recuerdo.[13] Y es ahí, en esa incierta zona de promiscuos contactos entre ***lengua crítica*** y ***actualidad***, donde más se complica el problema de la intervención crítico-intelectual: ¿cómo, por un lado, provocar roces y fricciones de discursos en las tramas referenciales de una actualidad en conflicto sin que, por otro lado, la voz crítica "se agote en la coyuntura de los hechos y posicionamientos al día"?[14]

13. Este problema designa uno de los más insistentes nudos de discusión que articuló el trabajo de reflexión crítica del seminario "Postdictadura y transición democrática: identidades sociales, prácticas culturales y lenguajes estéticos" que se realizó, con el apoyo de la Fundación Rockefeller, en la Universidad Arcis (1997-2000), con la colaboración de La Morada y de la *Revista de Crítica Cultural*.
En particular, una tensión cruzó el seminario enfrentando dos posturas: por un lado, la ***radicalización melancólica de la negatividad de la pérdida*** defendida por un pensamiento filosófico que se resiste a toda "política del sentido" por considerar que su inevitable voluntad de subordinación y de control argumentales traiciona necesariamente la ***experiencia del desastre*** y el ***desastre de la experiencia***, y, por otro lado, el deseo proyectivo de intervención político-cultural que manifiesta la crítica: una crítica a la que, sin faltar a la exigencia de autorreflexividad, no le basta pensarse a sí misma; ***una crítica que desea cruzar su trabajo de problematización de la memoria con las escenas objetuales y referenciales de las discursividades-en-contexto que conforman el presente***. Este texto mío ofrece una lectura posible de esa tensión crítica entre "pensamiento filosófico" y "crítica cultural" que dividió el trabajo del seminario de la Universidad Arcis. Para cotejarla con otras lecturas, véase ***Pensar en/la postdictadura***, editores: Nelly Richard y Alberto Moreiras, Santiago, Cuarto Propio, 2001.
14. Willy Thayer, "Cómo se llega a ser lo que se es", en ***Revista de Crítica Cultural*** nº 15, Santiago, noviembre de 1997, p. 52.

## Políticas de la traza y relatos de futuro: las intervenciones de la crítica

La universidad-universalidad del saber moderno, que descansa en la jerarquía del modelo filosófico como guardián del sentido y de la verdad del conocimiento, se ha erigido sobre la base de una tajante separación entre la *delimitada interioridad del refugio universitario* y la *siempre confusa exterioridad social* cuyas revueltas físicas amenazan con echar a perder la autonomía del conocimiento. El "pensamiento del pensamiento" —consagrado por la jerarquía de un modelo filosófico-universitario que aprendió a "sobreponerse a la contingencia" levantando "una muralla" que lo diferencie del "presente en curso"— se define por "su capacidad de recuperación discursiva respecto de la actualidad".[15] Es la barrera levantada entre el pensamiento universitario y la actualidad de su entorno la que garantiza la *no contaminación* del saber trascendental de la filosofía cuya categorialidad pura no debe mezclarse con el reino impuro de todo lo que degrada el hoy: contingencia, inmediatez, facticidad, productivismo, instrumentalidad, etc. Mirado desde la trascendentalidad de aquel modelo del pensar filosófico, las prácticas críticas que, como la crítica cultural, recurren a *contextos* y *situaciones* para extraer de ellos sus materiales de análisis y desciframiento, dejarían inevitablemente caer sobre su ejercicio de la palabra la misma sombra de vulgaridad que bordea a la actualidad. Tratándose de un modelo —el filosófico— que se ha caracterizado por el deseo de guardarse en la reserva del pensamiento para no "ver turbada la paz de su relación privilegiada con el mundo de las ideas por los ruidos propios de una fabricación, las técnicas, las presiones sociales, etc.",[16] ese modelo no podría sino desconfiar de cómo la crítica cultural busca poner en acción ciertos recursos *político-coyunturales* que desmonten los engranajes de signos del aquí-ahora para tomar partido en el debate público sobre modernización, neoliberalismo, redemocratización, memoria, derechos humanos, mercado y televisión, etcétera.

15. Willy Thayer, texto presentado sobre "Universidad y transición" en el Diplomado en Crítica Cultural, Universidad ARCIS, Santiago, agosto de 1998.
16. Michel de Certeau, *La escritura de la historia*, México, Universidad Iberoamericana, 1999, p. 70.

Son muchas las razones que tiene el pensar filosófico para convencernos de que el presente no es otra cosa que el reino factual de lo ***dado***: una burda trama de redundancias mediáticas que se basa en la mezcla trivial de sentido común y de efectos de opinión para reducirlo todo, simplificadamente, a una leyenda descriptiva que se agota en la coyunturalidad de los hechos. Y es cierto que cuesta diferenciarse de aquel lenguaje hegemónico de los medios que, incluso cuando pretende denunciar el estado de cosas dominante, lo hace empleando los mismos registros de habla que festeja en masa la actualidad cuyos mismos contenidos pretende criticar. Pero comencemos por distinguir entre ***presente*** y ***actualidad.*** Partamos por abrirnos a la posibilidad de que lo "actual" no es necesariamente lo ***dado*** (lo ya montado y dispuesto como un estado de cosas saturado de obviedades), sino la zona de emergencia del "devenir otro"[17] de un presente en incesante y disputada construcción.

En el interior de un mismo tiempo presente —por ejemplo, el de la transición chilena—, existe una multiplicidad heterogénea de modos de producción y de intelección de la realidad que coexisten de manera divergente y cuyos enfrentamientos de experiencias y relatos rompen la aparente uniformidad de una plana superficie temporal. No todo lo que se formula bajo el "post" de la postdictadura habla en concordancia de tono con los lugares comunes que mediatiza la actualidad transicional. Hay, por lo tanto, una urgencia crítica en prestarles atención a aquellas voces que, en las brechas de los vocabularios oficiales, modulan sentidos alternativos; en aliarse con aquellas voces discordantes que se oponen, contingentemente, a aquellos bloques constituidos e instituidos de un régimen de homogeneización y control que, sólo de lejos, parece inalterable. Por ejemplo, el "accidente Pinochet"[18] (la repentina noticia del arresto del ex dictador en Londres en octubre de 1998) demostró tener la fuerza desencadenante de un

17. Deleuze-Guattari comentan, a propósito del "infinito Ahora", las relaciones entre lo Inactual en Nietszche y lo Actual en Foucault donde este concepto nombra "***el ahora de nuestro devenir-otro***" en contra del "***presente de lo que somos***". Gilles Deleuze y Félix Guattari, ***Mil mesetas***, Barcelona, Anagrama, 1993, p. 114.
18. Armando Uribe-Miguel Vicuña, *El accidente Pinochet*, Santiago, Editorial Sudamericana, 1999.

suceso capaz de trastocar, con signos inanticipables, la programación mecanizada del presente que había delineado la transición como un presente hasta entonces sin riesgos ni incertidumbres. El "accidente Pinochet" hizo estallar el tema de la memoria a través de múltiples flujos de expresividad contestataria que activaron la problemática de los derechos humanos, rompiendo el concierto de las voces orquestadas. Cuando el paisaje de la transición parecía ya definitivamente saturado de previsibilidad y de rutinario conformismo, el "accidente Pinochet" disparó la sorpresa de múltiples turbulencias de identidad y rebeldías callejeras que lograron sacudir las redes de control de la política administrativa.

Si bien debemos denunciar rigurosamente la engañosa cosmética de la noticia que caricaturiza al presente como simple actualidad que se desgasta en lo pasajero, esta justificada desconfianza no debería llevarnos a despreciar la actualidad, como si ya nada en ella fuese capaz de rasgar la superficie de lo programado y diagramado por los medios. El "accidente Pinochet" es la prueba de que ciertos excedentes simbólicos disparados por una noticia fueron capaces de agitar las filas reglamentadas del consenso transicional y de hacer desbordar tanto sus racionalidades de lo calculable como sus agencias de la información. La noticia internacional de la captura y detención de Pinochet descompaginó el libreto de la actualidad televisiva nacional, haciendo saltar visualmente en nuestras pantallas aquellas imágenes del recuerdo (de los exiliados, de los familiares de detenidos-desaparecidos y de sus retratos) que habían sido inhibidos por la censura expresiva que las políticas comunicacionales de los gobiernos de la transición hicieron pesar sobre las narrativas biográficas de la memoria histórica. No dignarse en prestarle atención a la conflictiva semanticidad de estos materiales en revuelta que, desde la calle y la televisión, desajustaron la actualidad transicional, equivale a desaprovechar la oportunidad de desmarcarse críticamente del flujo mediático. La fisuración de las tramas de la actualidad que produjo la noticia de la captura de Pinochet muestra que la complejidad de modos y tiempos de la postdictadura no se reduce a lo que editorializa la actualidad. Y demuestra, también, que no hace falta esperar que el "devenir-otro" del presente surja, de manera maximalista, del "gran" acontecimiento. Ese "devenir-otro" se juega, virtualmente, en cada disidencia de códigos, es decir, cada vez que la emergencia contestataria de voces y cuerpos insatisfechos logra disputarle terreno a la sutura neoliberal de los ordenamientos capitalistas.

Varias tesis finiseculares nos advierten que "la alteridad, como todo lo demás, ha caído bajo la ley del mercado, de la oferta y la demanda"; que "el discurso de las diferencias" sólo fabrica simulacros de alteridad como parte circulante de un sistema abstracto de "intercambio regulado";[19] que ya nada logrará desregular la máquina capitalista (ni exceso ni residuo) porque esta última se habría vuelto demasiado experta en incorporar transgresiones y desequilibrios a la producción de multiplicidad y heterogeneidad con la que se reactiva la lógica de diversificación del mercado. De ser así, triunfaría infaliblemente la ley general del sistema y su régimen homogéneo de equivalencias abstractas que traduce y reduce invariablemente la diferencia a identidad y mismidad, sin la menor escapatoria para que la imaginación crítica sueñe aun con poner en contradicción, aunque sea de modo intersticial, las relaciones de fuerza que componen el diagrama de saturación capitalista. La crítica, para imaginarse como tal, debe creer en que no hay presente cuya gramática de signos no esté recorrida por ciertas rupturas de planos y desequilibrios de funciones que accidenten el orden preestablecido. La crítica debe creer que, en toda estratificación de enunciados, existen zonas más vulnerables que otras por donde lo que está todavía en formación, lo que aun no coincide con un significado completo o definitivo, nos llama a "ensayar" la diferencia de nuevos modos de ser, de ver y de leer, cuya singularidad heterogénea —abierta a múltiples discontinuidades y reconjugaciones de contextos— desafía la universalidad del mercado.[20] Ninguna lógica de reunificación de las fragmentaciones capitalistas puede ser tan total y

19. Jean Baudrillard, *La transparencia del mal*, Barcelona, Editorial Anagrama, 1991, p. 138.

20. Decía R. Williams: "No importa cuán dominante sea un sistema social, el significado mismo de su dominación incluye un límite y opciones sobre las actividades que engloba, de modo tal que, por definición, no puede agotar toda la experiencia humana, la que, en consecuencia, abre un espacio potencial para los actos y las intenciones alternativas, aún no articuladas como proyectos o instituciones culturales". Raymond Williams, *Politics and Letters: Interviews with New Left Review*, Londres, New Left Books, 1979, p. 252. (La traducción es de la autora).

hermética en su diseño, como para que todos los tiempos y los modos de la subjetividad humana resulten inexorablemente convertidos por ella a la uniformidad de su serie-mercado. Por lo demás, el resultado de las luchas entre los procesos de ***serialidad-repetición*** y de ***alteridad-tranformación*** que se libran incesantemente en el interior de las formaciones culturales y de los regímenes institucionales no está nunca decidido de antemano, porque el juego de la diferencia vibra siempre como una potencialidad *en acto* y *en situación*.[21] La suerte que corre el juego crítico de la diferencia (de una otredad de sentido capaz de descoordinar, emancipatoriamente, los pactos de significación oficiales) depende de que una determinada actuación de discurso las ponga a prueba de contexto. Sólo atreviéndonos a confrontar nuestras ficciones críticas con los verosímiles dominantes de la cultura estandarizada que ellas buscan desencajar o resquebrajar, sabremos si la ***pulsión de otredad*** que las motiva será o no recuperada por el orden establecido. Ese destino no es anticipable por ningún "saber" del mercado, a menos que ese saber pretenda ser un saber de la totalidad y, por ende, de la clausura: un saber que cancelaría así el porvenir de la significación al asignarle a cada diferencia un futuro inescapable de recuperabilidad oficial.

Convertir la actualidad de la transición en una de las posibles zonas de trabajo de la crítica cultural no implica rendirse, ingenuamente, a las pragmáticas de la simpleza de esa actualidad, sino tratar de averiguar cuáles son las fuerzas diversificadas que, dentro de ella, luchan en contra de las agencias de control que insisten en equiparar postdictadura y neoliberalismo. Lo "actual" designa también el aquí-ahora de una trama incierta de luchas y resistencias en torno a nuevas construcciones estéticas, nuevas formas de politicidad y nuevos modos de existencia, que la crítica debería apoyar solidariamente, en toda su potencialidad fisurante, para que se amplíen las oportunidades de desestabilizar los pactos

21. Según P. Bové, "la crítica debe ser siempre concreta y específica. No puede tanto definirse o teorizarse como ponerse en práctica. Para captar algo de la fuerza de un acto crítico 'de oposición' se debe ver a éste, antes que nada, como *un acto* y *en acción*. Se debe ver a éste encajado críticamente con algún elemento de la estructura autorizada de la sociedad y de la cultura a la que se enfrenta". Paul Bové, *En la estela de la teoría*, Madrid, Cátedra, 1996, pp. 83-85.

hegemónicos del consenso y del mercado. Si no hacemos el intento de disputarle a la actualidad otros montajes de la percepción, otras hipótesis de lectura, otros diagramas de la mirada cuya fuerza crítica impugne los trazados preexistentes, estaremos abandonando el presente a su suerte sin ni siquiera haber intentado modificar en algo su configuración hegemónica.

Renunciar a la eventualidad de que ciertos gestos críticos sean capaces de romper la pasividad del acuerdo con el que las hegemonías discursivas sellan el trato entre presente y actualidad, desentenderse de la actualidad con el pretexto de que sólo es reductividad y traductividad de los signos a las retóricas de la indiferenciación de las diferencias con las que trabaja el mercado, equivaldría a renunciar a las luchas por el sentido en el campo de batalla de la cultura donde múltiples prácticas no sedimentadas pelean contra los bloques de formalización dominante. Si la crítica intelectual se abstiene de intervenir en esas peleas con el pretexto (aristocrático) de que el presente es demasiado promiscuo, ¿desde dónde esperar que se produzcan, entonces, los choques de visión que deberían hacer estallar la falsa consensualidad de los arreglos con que la actualidad mantiene sus signos en orden?

Es cierto que la decisión de intervenir en las redes públicas de la cultura que conforman el horizonte de la transición, aunque sea bajo el impulso de potenciar las zonas contrahegemónicas de desacuerdos y resistencia que la atraviesan, expone la voz crítica al peligro de quedar subsumida en las trivializaciones comunicativas de la actualidad sobre la cual reina la medianía de los medios. Pero la crítica debe enfrentar ese peligro si no quiere que el recuerdo quede replegado en la melancolía de la negación pasiva, y si quiere armar vitales zonas de contacto con un presente en cuyas fisuras e intervalos se debaten los significados polémicamente *otros* de memorias en construcción. Refugiarse en la soledad melancólica de una interioridad de la experiencia desligada de toda relación de contextos —para salvar el rigor especulativo del pensar el pensar— le impide a la crítica cruzar los significados del recuerdo con las tramas referenciales de un hoy en cuyas entrelíneas se dibujan aquellos gestos que combaten lo uniforme y conforme del presente.

Si a la crítica de la postdictadura no le basta con sólo compartir el duelo con el enlutado, sino que pretende además involucrar al sujeto del duelo histórico en un trabajo participativo de resignificación, debe esforzarse para que la experiencia del duelo dé lugar a saltos conceptuales y mutaciones subjetivas que revitalicen las sufrientes imágenes del pasado de la derrota. Para ello, hace falta que las materias sedimentadas del pasado se muevan hacia nuevas construcciones de sentido, que entren en conexiones activas y transformadoras con los procesos de subjetividad que se inventan contingentemente en los márgenes no codificados de las representaciones de época. Desbordar la sintomatología del duelo histórico implica retramar —no sólo hacia adentro, sino también hacia fuera— dinámicas de inscripción del recuerdo en los contextos heterogéneos de un hoy que se reinventa en cada nuevo conflicto de memorias.

# El fragmento errático de una actuación en los bordes[1]



La conmemoración de los treinta años del golpe militar (1973-2003) en Chile le solicitó a la razón histórica apoyarse en una visión de conjunto que debía marginar de su marco general los detalles bifurcantes de las memorias fragmentadas y residuales que amenazan con desviar la perspectiva de las narraciones regulares. Para torcer el marco general de esta visión de conjunto, quisiera rescatar aquí el fragmento errático de una escena cultural que, probablemente, no tendría cómo ser incluido en la memoria de lo que fue la cultura de oposición durante la dictadura, debido a lo fugaz de su huella irregular que registra una actuación limítrofe. Me voy a detener en la señal casi borrada, extraviada, de un gesto realizado en 1982 por dos creadoras chilenas (Diamela Eltit y Lotty Rosenfeld) que activaron una política del shock, un violento montaje entre los extremos, para llevar lo discordante a generar un revuelo cultural de los imaginarios políticos.

1. El texto de esta ponencia fue presentado en el "Congreso Sexualidades, género y cultura" (Santiago, 2003), coorganizado por la Facultad de Humanidades de la USACH (Universidad de Santiago de Chile) y el David Rockefeller Center for Latin American Studies de Harvard University.

Parto de un texto —firmado por Diamela Eltit y Lotty Rosenfeld— que se publicó en el diario *Ruptura* del grupo CADA (Colectivo Acciones de Arte) en 1982. El texto —titulado "Un filme subterráneo"— es introducido por el siguiente párrafo: "El presente trabajo se constituye a partir de una invitación por parte de *El Círculo de la Mujer* a participar en un ampliado en que se conmemoraba 'El Día Internacional de la Mujer'. En esa ocasión propusimos la exhibición de un filme pornográfico [...] y un texto de análisis sobre ese filme...".[2]

La evocación de este gesto límite conjuga dos instancias: 1) la convocatoria de una organización feminista a conmemorar el "Día Internacional de la Mujer" en el Chile de la dictadura, donde los colectivos de mujeres jugaron, desde la calle, un rol muy activo en las luchas ciudadanas por la recuperación democrática; 2) la respuesta de dos creadoras —D. Eltit y L. Rosenfeld— que imaginan participar en esta conmemoración, violentando las expectativas de recepción del público feminista —políticamente comprometido– al exhibir frente a sus ojos un material pornográfico.

¿Por qué me interesa rescatar esta seña remota y hundida, tan "subterránea" como el filme que presenta? Por lo desordenador e infractor de un acto de subversión crítica que trabaja *en el límite* y *sobre los límites* entre resistencia política, crítica feminista y agitación cultural.

## "Ruptura" I: lo social, lo político

Bajo el régimen militar, en los años ochenta, el feminismo chileno acompañó los movimientos de mujeres que actuaban como plataforma de reivindicaciones antidictatoriales. Las mujeres que se encontraban entonces ligadas a diversos movimientos sociales usaron la conciencia de género para interpelar a *la política* y reconceptualizar *lo político*, mediante una labor teórica que provenía básicamente del ámbito de las ciencias sociales. Bajo el formato profesional de la investigación académica, se desarrolló lo que Jaime Lizama llamó "una sociología crítica de la condición de la mu-



2. Diario *Ruptura*, 1982, Grupo CADA, Santiago de Chile.

jer".[3] Este feminismo sociológico demostró su innegable valor como acompañante discursivo de las organizaciones de mujeres en la calle. Sin embargo, desde el punto de vista de quienes reflexionábamos en esos mismos años en torno al arte y la literatura, nos parecía que una cierta limitación sociologista hacía que ese feminismo ligado a los movimientos sociales se mostrara receloso frente al tema de lo *simbólico-estético* (las retóricas figurativas, las problemáticas del lenguaje, de la representación y la enunciación) que tanto le preocupaba a la crítica artística y literaria. También en el caso del feminismo chileno, las urgencias de la lucha antidictatorial tendieron a priorizar el enfoque sociologista de trabajos orientados hacia la "investigación-acción"[4] y a relegar lo crítico-estético hacia bordes difusos donde su metaforicidad oblicua (fragmentos, quiebres y residuos) que evocaba subjetividades y alfabetos más desintegrados que reintegradores era considerada casi suntuaria. Si bien el feminismo social y la crítica cultural feminista estaban unidos entre sí por la solidaridad política de su lucha común en contra de la dictadura, los desencuentros de lenguajes entre ambas tendencias hacían difícil conjugar la "sociología de la mujer" que acompañaba el feminismo militante con las "poéticas de lo femenino" cuyos arabescos discursivos abigarraban las obras del arte y la literatura de esos años.

Lo primero que hacen D. Eltit y L. Rosenfeld, al interceptar un acto feminista de resistencia política con una propuesta de intervención cultural en torno a un motivo fotográfico que invita a pensar sobre sexualidad y representación, es liberar un deseo de transfugacidad que altera la política de los espacios que territorializaba las voces de la disidencia en el Chile de la dictadura. D. Eltit y L. Rosenfeld mezclan —audazmente— la denuncia social, la lucha política, la celebración feminista, la performance cultural y el desmontaje analítico de la pulsión sexual. Esta mezcla osada de registros disímiles cumplió con desprogramar tanto el guión del acto de protesta antidictatorial como la consigna de identificación feminista. Introdujo a la fuerza los

3. Jaime Lizama, *Los nuevos espacios de la política*, Santiago, Ediciones Documentas, 1991.
4. Una excepción la constituye Julieta Kirkwood, quien conjugó, a lo largo de toda su reflexión, lo teórico, lo político y lo creativo.

*tumultos de lo clandestino* (lo "subterráneo") en las filas de enrolamiento de cada uno de los dos bloques de identidad que la convocatoria había originariamente conjugado en términos de adhesión y cohesión político-sociales.

La celebración del Día Internacional de la Mujer era, en 1982, un acto político destinado a sumarse a las demás manifestaciones contra la dictadura mediante el aporte de la energía feminista a la meta colectiva de recuperación de la democracia ("Democracia en el país y en la casa"). La decisión de participar en esta celebración exhibiendo un material de cine pornográfico tiene la fuerza —dinamitadora— de producir una colisión entre dos universos de discursos en relación de mutua excentricidad: por un lado, lo *sociopolítico* (el feminismo uniéndose a la dinámica social de los movimientos de protesta) y, por otro lado, lo *crítico-performativo* (un acto deconstructivo que usa la visualidad para sublevar la mirada feminista). La infracción de la mirada con la que la visualidad pornográfica comete su exabrupto hace que choquen entre sí lo *organizativo* (la lucha colectiva de las mujeres sumándose al reclamo nacional en contra de los atropellos de la dictadura) y lo *desorganizador* (la fantasmática privada de los deseos que perforan el inconsciente sexual). Esta infracción de la mirada que provoca el gesto de D. Eltit y L. Rosenfeld convulsiona y escinde la homogeneidad representacional del "nosotras" tal como había sido convocada por el doble eje de convergencia entre feminismo y política, abriendo una fisura de *no calce* que descentra las categorías que la ritualidad del acto político había ordenado en registros a parte.

La decisión de exhibir un filme porno en la conmemoración política del Día Internacional de la Mujer produce su primer estallido, su primera deflagración semántica, en el interior mismo del código feminista. El género de la pornografía ha sido denunciado y atacado por las feministas como un género codificadamente masculino, que excita el consumo sexual en torno a la objetualización de la mujer a la que se le rebaja su autonomía de sujeto, obligándola a situaciones de subordinación y humillación corporales. Las feministas han reclamado contra el uso de la violencia que convierte el cuerpo femenino en un degradante motivo de intercambio masculino, exaltado por los tráficos industriales del voyeurismo sexual. Si se tiene en cuenta ese obvio rechazo de las feministas hacia la pornografía, no es difícil imaginar la carga de violencia disruptora que ese filme porno —destinado a ser exhibido *sin mediación pedagógica alguna*— pudo haber generado entre las militantes feministas que habían sido convocadas en su condición de movimiento social.

El análisis que esboza el texto de Eltit y Rosenfeld publicado en el diario *Ruptura* denuncia el espectáculo pornográfico como un espectáculo que "va a ratificar al espectador masculino en la clasificación de voyeurista". Las autoras explican cómo, para ellas, la decisión de exhibir ese material frente a un público de mujeres (cambiando expresamente el género de los destinatarios que la industria cinematográfica les reserva a estos filmes) rompe el supuesto de autocomplacencia de la mirada masculina que subyace a la pornografía. El primer alcance de la provocación de Eltit y Rosenfeld radica en asignarle a este filme porno un público femenino —y, sobre todo, un público de mujeres feministas-, para desacomodar así la estructura voyeurista de recepción sociomasculina de la pornografía. La provocación consistiría en abrir una brecha disociativa, *no contemplativa*, en el espectáculo de la relación —jerárquicamente pactada por la industria porno— entre la mirada y lo mirado, entre el punto de vista (el ojo masculino) y la imagen (la reificación sexual de lo femenino), que desorganiza las bases del autocontrato masculino que sustenta el género.

La segunda provocación de D. Eltit y L. Rosenfeld es analítica. Ellas eligieron un filme que define su estructura de "poder, servilismo y humillación" a partir "del triángulo formado por un perro (hombre elíptico), una patrona (masculino/femenino) y una criada (femenino)".[5] En ese filme pornográfico, es la cámara invisible la que organiza —de manera oculta— la narrativa visual de la dominación del mismo modo en que la masculinidad hegemónica —en el campo de la organización social— ocupa los disfraces de lo neutro y de lo impersonal para invisibilizar su control simbólico. El hecho de que no aparezca ningún hombre en la película quiebra la ilustratividad de las categorías sexuales basadas en el realismo anatómico de personajes "masculinos" y "femeninos", y cuestiona así el determinismo sexual ligado al binarismo del género que movilizaba el

5. *Op. cit.*, *Ruptura*.

discurso antipatriarcal del feminismo sociológico de esos años. Tanto la película elegida por Eltit y Rosenfeld como el texto del diario *Ruptura* ponen el acento en la naturaleza discursiva del poder sexual que se ejerce a través de la violencia simbólica de la representación, evocando el *fuera de plano* de lo que filma la cámara como aquel espacio abstracto —conjeturable y deducible aunque nunca visible— que impregna de ideología sexual tanto la imagen como al espectador.[6] Al desustancializar lo masculino y lo femenino como roles naturalmente asociados a las imágenes de sus cuerpos; al desnaturalizar la equivalencia entre género masculino y poder, la elección de este filme en el que sólo participan dos mujeres y un perro contribuye a radicalizar el problema de la ideología sexual en términos de *discursividad* y de *representación*, de *narrativas escénicas*, mostrando que es aquí la cámara —tecnología visual y dispositivo de la mirada— el agente secreto de dominación simbólico-sexual.

## "Ruptura" II: lo académico, lo crítico

Puede ser que el acento puesto por D. Eltit y L. Rosenfeld sobre lo discursivo-representacional del poder sexual suene hoy como algo archisabido, al menos para aquella crítica deconstructiva que conoce bien el trabajo teórico de la revista inglesa *Screen*, que, en los años ochenta, recurría a la semiótica y al psicoanálisis, para analizar el binomio mirada-poder. Pero vale la pena recordar que, en esos años en Chile, esas lecturas resultaban completamente infamiliares en el medio (académico y no académico) de los estudios de la mujer y de los movimientos de mujeres. Me interesa subrayar este desfase productivo entre el corpus teórico internacional (en este caso, el feminismo de la revista *Screen*) y algunos gestos locales de intervención político-culturales que marcaron la escena crítica de los ochenta en Chile a la que pertenecen Eltit y Rosenfeld, para recordar una vez más cómo dicha escena crítica, surgida en los extramuros del recinto universitario, usaba fragmentos dispersos de lecturas heterodoxas para volverlos contingentemente

6. Remito a los ensayos de Teresa de Lauretis, *Technologism of Gender. Essays on Theory, Film and Fiction*, Londres, Macmillan Press, 1989.

productivos por las vías abruptas del sobresalto. Esas intervenciones político-culturales, al estilo de la realizada por Eltit y Rosenfeld en el diario ***Ruptura*** que comento aquí, ensayaban múltiples operaciones de desencaje que preferían siempre el uso salvaje de la cita fuera de contexto a la garantía académica de los solventes traspasos bibliográficos.

La provocación del filme porno como un material desviante que exige dar un brusco salto entre lo activista-militante y lo teórico-deconstructivo es aquí la cita fuera de contexto que elige prescindir del enmarque académico de una traducción para apostar, muy por el contrario, a la fuerza enunciativa-performativa de una referencia ob-scena: de una referencia fuera de escena. La cita fuera de contexto (la cita ob-scena) que, en 1982, fisuró la reunión feminista de celebración del Día Internacional de la Mujer con su margen deconstructivo, intervino el aquí-ahora de una coyuntura —la de la dictadura militar— sin duda más arriesgada que la de la academia internacional que acostumbraba citar a la revista *Screen* a través de su red metropolitana.

En la intervención de Eltit y Rosenfeld, la cita porno funciona como un errático margen de des-identificación, un tercer espacio cuya liminalidad sitúa a las dos identidades prediseñadas (la política y la feminista) en los bordes —turbios— de un espectáculo que descentra la totalización identitaria del "nosotras", al intercalar la pulsión sexual entre las consignas de la lucha antidictatorial por un lado y, por otro, los eslóganes antipatriarcales del feminismo militante.

No está de más contrastar ese gesto límite de D. Eltit y L. Rosenfeld realizado en los años ochenta con lo que fue ocurriendo después con el feminismo en Chile. El diagnóstico que comparten varias feministas chilenas es que la transición democrática ha significado, durante los años noventa, la fragmentación y la dispersión de los movimientos de mujeres que habían desplegado toda su fuerza político-contestataria en los tiempos de la lucha antidictatorial.[7] Varios factores parecen

7. R. Olea señala como "los sectores feministas independientes que apoyaban la coalición de gobierno constataban ya en el primer año de transición que sus posiciones —y también sus líderes— irían saliendo de la mesa de pactos" y como, también, "la sociedad civil mayoritariamente (organizaciones y movimientos sociales, agrupaciones comunitarias, ONG) y, entre ella, los sectores feministas, han quedado progresivamente excluidos de las negociaciones

converger en este notorio repliegue de las propuestas feministas durante la transición chilena:

—el deseo de expandir la conciencia de género en redes político-institucionales más amplias (y de hacerles ganar a las mujeres mayor presencia en las instancias de representación pública de la sociedad) hizo que varias feministas abandonaran la dinámica de los movimientos sociales bajo la promesa y seducción de una nueva participación efectiva en los mecanismos de gestión estatal que se abrían con los gobiernos de la Concertación;
—el gesto realizado desde el Estado por el primer gobierno concertacionista, que le encargó al SERNAM (Servicio Nacional de la Mujer) coordinar políticas públicas de igualdad y no discriminación sexuales, reorientó el enfoque crítico de la problemática de género lanzada por el feminismo durante la dictadura hacia el sintagma ***mujer-familia*** trabajado, desde el SERNAM, en el registro conservador que hace predominar la Democracia Cristiana;
—la consigna de moderación impuesta por la lógica reconciliadora de la "democracia de los acuerdos" obligó al dispositivo de la transición a marginar de sus circuitos de discurso público aquellas posturas más confrontacionales y a rebajar, entonces, el acento polémico de los debates valóricos (aborto, divorcio, etc.) que podrían haber enfrentado el feminismo al discurso oficial del SERNAM sobre mujer y familia;
—las nuevas reglas de adecuación del saber a un modelo social que privilegia criterios tecnificados de pragmatismo y eficiencia desplazaron lo feminista-militante hacia lo científico-profesional, transformando a las ONG en fuentes de investigaciones y conocimientos que les proporcionan datos funcionales a los organismos de Estado.

Durante los años de la transicion en Chile, la energía crítica del feminismo militante que había reflexionado activamente sobre los modos de desorganizar y reorganizar las simbólicas

---

protagonizadas por los poderes institucionales representados en los partidos políticos y la Iglesia católica". Raquel Olea, "Femenino y feminismo en transición", ***Escrituras de la diferencia sexual***, editora: Raquel Olea, Santiago, Lom/La Morada, 2000, pp. 53-55.

del poder se retrajo de los campos de movilización pública y se desplazó hacia dos áreas principales de conquista institucional donde insertar sus prácticas y saberes: 1) las ONG pasaron a desempeñar un rol principal en la articulación entre feminismo y redemocratización debido, sobre todo, a "la asimilación de algunos de los temas culturalmente más aceptables de la agenda feminista" por parte de las organizaciones del Estado que hicieron crecer la demanda de "información especializada sobre la situación de la mujer para que ésta pudiera ser 'traducida' en el proceso de las políticas públicas";[8] 2) los departamentos de Estudios de la Mujer y de Estudios de Género se fueron desarrollando en varias universidades chilenas, constituyendo áreas destinadas a dotar de legitimidad y reconocimiento académicos aquellos conocimientos que, con mayor o menor radicalidad crítica, trabajan el corte de la división de género en varios campos disciplinarios (historia, antropología, sociología, literatura, etcétera).

Estos desplazamientos hicieron que la voz feminista fuera abandonando progresivamente el impulso contestatario y la dinámica agitativa que identificaban su pasado militante de luchas contra el régimen militar. Quedaron atrás la explosión del deseo, la anarquía de formas y conceptos por inventar, las energías sueltas que todavía no se amarraban a la instrumentalidad de un programa. Durante la transición, las mismas mujeres feministas que habían impugnado el sistema de categorías del modelo político tradicional pasaron luego a reclamar identidad dentro de esas mismas categorías, formulando así una demanda de reconocimiento *por* y *en* el orden de representación que habían cuestionado anteriormente.

Desde los movimientos sociales hacia las ONG y el Estado; desde la historia, la sociología y la antropología hacia los departamentos de Estudios de Género, los conocimientos ligados al feminismo de los ochenta experimentaron un triple movimiento de especialización profesional, de sectorialización académica y de normalización institucional. Se produjo un repliegue que llevó el feminismo a abandonar la fragmentariedad dispersa por el reagrupamiento operativo; la pulsión nómade

8. Sonia Alavarez, "Articulación y transnacionalización de los feminismos latinoamericanos", *Debate feminista*, nº 15, abril de 1997, México, pp. 146-147.

de ruptura estética por la acumulación y capitalización discursivas del valor-"saber"; el desorden imaginativo por la racionalización profesional; los desgastes de la utopía militante por una lógica de pragmatismo y rendimiento institucionales; el activismo crítico intelectual por la consolidación técnica de un saber experto. Este reciclaje normalizador —que llevó el discurso feminista de la transición hacia la instrumentalización y la operacionalización de sus saberes— arma un horizonte de contraste que vuelve ese gesto de los años ochenta diseñado por Eltit y Rosenfeld aún más excéntrico.

Y si de excentricidad se trata, habría que subrayar una fuerza de contrastación adicional: la que opone la subterraneidad cultural del gesto de Eltit y Rosenfeld al creciente éxito universitario de la teoría *queer* en la académica internacional. Sin duda que lo *queer* ha demostrado tener la productividad conceptual de un instrumental teórico que usa la ambigüedad sexual como pliegue y doblez, como intersticio, para hacer girar las representaciones de identidad fuera de las programaticidades de género. Pero así y todo no podemos sino desconfiar de su tan rápida estandarización académica. Al zigzaguear de canon en corpus y de corpus en canon para acomodarse finalmente en el visitado nicho académico de las bibliografías internacionales, la teoría *queer* está hoy archivando todo tipo de "rarezas" en materia de identidades sexuales sin ni siquiera preocuparse por cómo la lengua que, en nombre de lo *queer*, archiva lo estrafalario y lo discrepante, es una sola y quizá la menos "rara" de todas: la lengua consagrada de la reproducción universitaria norteamericana. Lo que me interesa rescatar de la precaria escena elaborada por D. Eltit y L. Rosenfeld es su salvaje rareza, entendiendo aquí "rareza" no como una distinción de estilo en el repertorio académico de las poses extrañas, sino como una fuerza de *descentramiento* y *extrañamiento* político-culturales. Lo "raro" que ellas ponen en escena consiste en usar una cita porno fuera de contexto para generar varios tipos de cortocircuitos e interferencias que perturben el orden de las convenciones referenciales del activismo político y del feminismo militante en tiempos de represión dictatorial; para, además, desmarcarse del academicismo de las teorías de la deconstrucción mediante una crítica del discurso realizado *en terreno* que sacuda así las redes de enunciación cultural y de recepción social con su micropolítica del quiebre y de la disyunción.

El refinado catálogo de "rarezas" que nos ofrece internacionalmente la teoría *queer* no debería hacernos perder de vista el "raro" gesto de dos autoras chilenas que tuvieron la valentía crítica de apostar al chocante montaje de términos que suelen rechazarse unos a otros: lucha antidictatorial y análisis deconstructivo; experimentación conceptual y tácticas de resistencia; movilización social de las mujeres e infracción porno; psicoanálisis y activismo de la resistencia cultural; organización política y fugas deseantes; cohesión identitaria y crítica de la representación; ritualidad colectiva y desidentificación; compromiso político y desenmarque neovanguardista.

# La historia contándose y la memoria contada: el contratiempo crítico de la memoria[1]



El recuerdo histórico no es una reserva estática de significaciones definitivamente consignadas en los archivos del tiempo. La actividad de la memoria surge del deshacer y rehacer de los procesos de evocación y narración del pasado a los que nos convocan las solicitaciones políticas y comunicativas de un presente curioso, o bien disconforme.

Durante los años de la transición democrática en Chile, la prensa y la televisión desviaron expresamente la mirada de las imágenes que recordaban los violentos hechos de la dictadura, para que la carga de enfrentamientos —aún depositada en su pasado de discordias— no chocara con la retórica neutralizadora y homogeneizadora del consenso que selló la "democracia de los acuerdos". Después de largos años de excesiva cautela, septiembre de 2003 —fecha de conmemoración de los treinta años del golpe militar— se convirtió en un sorprendente motivo de explosión noticiosa cuya repentina proliferación de citas del pasado se volvió sospechosa por cómo estos materiales que los medios habían mantenido largamente cautivos de su

1. Este texto corresponde a la ponencia leída en el Coloquio *Historia/Memoria* que se realizó en Princeton University (Estados Unidos), en abril de 2006.

silencio entraban a competir ahora (¡demasiado tarde!) para ponerse al día en materia de olvidos. Más que reparar la deuda de una grave omisión histórica, la conmemoración del 11 de septiembre de 2003 parecía querer despedirse —con apuro— del pasado molesto, clausurando así una secuencia histórica que se mostraba finalmente aliviada de haber cumplido ya treinta años.

Si bien desfilaron ante nuestros ojos materiales antes no divulgados por la prensa o la televisión, la cobertura mediática de los treinta años del golpe militar en Chile se propuso controlar los usos públicos de la memoria, seleccionando con recelo aquellos recuerdos destinados a encajar en la funcional reconstrucción del pasado que le convenía al oficialismo de la transición. Los medios excluyeron determinados materiales considerados incómodos por su densa factura experiencial y su tensa armadura de lenguajes, mientras acomodaban otros relatos, cuya simpleza argumental iba destinada a saciar banalmente el consumo informativo de una historia archisimplificada. El gobierno chileno y los medios de la transición rememoraron los treinta años del golpe militar evitando con cuidado los tajantes extremos de la polarización ideológica, para que nada del pasado escindido de la dictadura llamara —inoportunamente— ni a la agitación del recuerdo ni a las revueltas de la memoria insatisfecha. Los relatos periodísticos sobre el pasado histórico prefirieron ordenar los testimonios de los partidarios y los opositores al golpe militar alrededor del término medio, centrado y centrista, de una verdad supuestamente "objetiva"; una verdad que repartió —equilibradamente— las culpas entre la izquierda (la Unidad Popular) y la derecha (el régimen militar), acusando a ambas fuerzas de haber colaborado *por igual* a la exacerbación histórica de la violencia. Esta "verdad" histórica —ponderada por la *distancia* como mesura de no involucramiento— debía regular afirmaciones y desmentidos mediante el control razonante de una memoria guiada por la sensatez del orden. Los años 1973 (el golpe militar como exabrupto) y 2003 (el recuerdo de ese exabrupto ya disciplinado por la racionalización del pasado) se dieron cita bajo el prudente refugio de una historia que renunció a tomar partido frente a las justificaciones y argumentaciones contrarias, para evitar los desarreglos de lo vehemente y lo pasional.

## La historia contándose: *La Batalla de Chile*, de Patricio Guzmán

Entre las imágenes del pasado histórico que fueron confiscadas por los medios televisivos de la transición, están las imágenes de la película de Patricio Guzmán *La Batalla de Chile*, una película que, hasta el día de hoy, sigue sin haber sido nunca exhibida por la televisión pública nacional pese a constituir el más grandioso testimonio chileno que relata la epicidad de la Unidad Popular y la tragicidad del golpe militar. *La Batalla de Chile* narra el último año de gobierno de Salvador Allende hasta el bombardeo de la Moneda. El agresivo corte del 11 de septiembre de 1973 interrumpe bruscamente la filmación de la película hasta entonces ininterrumpida (un año entero de filmación cotidiana), al mismo tiempo que secciona el mítico sueño de la Unidad Popular del que el documental de P. Guzmán es un fervoroso portavoz.

El filme extrae del género documental varias de las claves que le otorgan su potencia referencial al encuentro —único— entre sucesos y mirada, entre acontecimiento y testimonio: el estado de alerta de la cámara frente a lo extraordinario de una circunstancia histórica que ella sabe irrepetible y a la que responde con su insaciable curiosidad hacia todo lo que la rodea;[2] la presencialidad del estar allí de la "cámara-testigo" que capta la materia histórica de lo vivido en su dimensión —tensa— de riesgo y excepción.

El género del documental se basa, veristamente, en la "impresión de realidad" con que la cámara naturaliza los hechos para transmitirlos con la fuerza de una autoevidencia. La cámara portátil y el sonido en directo de *La Batalla de Chile* no renuncian a ese efecto-verdad del documentalismo: un efecto-verdad que nos involucra corporalmente en la captación de las imágenes haciéndonos sentir próximos a la emergencia de aquella verdad histórica que van a detonar los acontecimientos que se traman en el futuro inmediato de cada sucesión de planos.

2. Dice P. Guzmán en una entrevista registrada en el libro de J. Rufinelli: "Yo creo que *La Batalla* es una película irrepetible. Tuve la oportunidad de encontrarme frente a una situación única y la filmé con ganas. Nunca más se va a repetir eso". Jorge Rufinelli, *Patricio Guzmán*, Madrid, Cátedra, 2001, p. 340.

Pero el filme de P. Guzmán sabe contrarrestar el naturalismo de la realidad primaria que documentaliza los hechos como autoevidencia, con el protagonismo intensivo de la palabra que, disertativa o increpante, recorre a la largo de toda la película las sesiones parlamentarias, los mitines políticos, las juntas de vecinos, las reuniones sindicales, las protestas universitarias, etc. Estas múltiples corrientes de discursividad y de reflexividad colectivas que someten la naturalidad cotidiana de los hechos a las mediaciones de signos que fabrican la comprensión de la situación histórica hacen que, en *La Batalla de Chile*, la realidad se nos muestre siempre hablada por alguien, debatida y rebatida por varios, objeto de análisis y confrontaciones que llevan cada vuelta del accionar social y político a un verdadero asedio interpretativo desplegado por una oratoria de multitudes. Lo militante y lo didáctico, lo asambleísta, someten —en nombre de la conciencia revolucionaria— las alteraciones de lo real-social que sacuden el último año de la Unidad Popular a permanentes deliberaciones y cuestionamientos. Es como si el documental de P. Guzmán, frente a la complejidad de los nudos problemáticos que la cámara visualiza a diario, desconfiara de aquellas leyes del género documental que se rinden espontáneamente a las trampas de la inmediatez. Pese al naturalismo referencial del género documental que enmarca *La Batalla de Chile*, la cámara de P. Guzmán confía menos en la espontaneidad de los hechos que en las pugnas discursivas que movilizan la conciencia crítica y, para ello, dota a la realidad filmada de una nutrida reserva de léxicos político-ideológicos que nos acompañan durante toda la película para que la materialidad histórica de esos años tan confusos pueda verbalizarse exigentemente a sí misma.

*La Batalla de Chile* se propone narrar el tercer año del gobierno de Salvador Allende como aquel período en el que se exacerba el "diálogo de contrarios" entre las dos fuerzas antagónicas que sostienen la tensión dramática del relato de P. Guzmán sobre la experiencia de la revolución socialista: por un lado, "la insurrección de la burguesía" y, por otro, "el poder popular". Este "diálogo de contrarios" entre la izquierda y la derecha que P. Guzmán destaca como uno de los principales resortes narrativos de la *La Batalla de Chile*, podría haber descansado en un teatro de las fuerzas enemigas basado en la repartición maniquea de categorías e

*Patrico Guzmán,* ***La Batalla de Chile****, trilogía documental sobre el último año de Salvador Allende.*

identificaciones rígidas. *La Batalla de Chile* elude todo esquematismo en la oposición de los puntos de vistas (un esquematismo al que tienden a subordinarse panfletariamente las memorias ideológicas) e indaga con la misma complejidad argumentativa en el debate interno de la Unidad Popular (reformismo contra radicalismo) que en el combate entre la izquierda y la derecha (contrarrevolución contra emancipación). La rapidez de la cámara para cambiarse de foco de atención narrativa y desplazarse tácticamente de un vector de conflicto a otro, hacen que *La Batalla de Chile* dote a cada pliegue de contradicciones de la historia del espesor analítico de un complejo ensayo de interpretaciones. Para eso la narrativa cinematográfica de P. Guzmán descentra los puntos de vista que un relato ideológico-militante hubiese querido sujetar linealmente a alguna programaticidad de sentido y favorece, en cambio, la simultaneidad disjunta de lo parcial y lo fragmentario, así como la no jerarquía de lugares y personajes. La cámara prescinde de un escenario privilegiado (se filma en todas partes) y evita sistemáticamente que la figura central del compañero presidente Salvador Allende desplace a los actores secundarios. Obreros, dueñas de casa y campesinos comparten por igual el derecho a la palabra y se lo reparten entre todos, según un eje solidario de horizontalidad de las hablas que el documental insiste en mantener siempre igualitario, sin plegarlo a una enunciación superior. Pero *La Batalla de Chile* maneja otro recurso clave que desestabiliza la noción de completud histórica en que se basan los relatos falsamente unificadores de las historias ideologizadas. Este recurso consiste en llevar la cámara a examinar las diferentes y sucesivas capas de anterioridad que documentan secretamente la formación de los procesos que terminan mezclándose después en la genealogía de la acción. La filmación prefiere explorar los "antecedentes y pormenores" (semiocultos) de los sucesos en gestación,[3] que demostrar los resultados a la vista de los hechos posteriormente verificables a la luz del examen histórico. El secreto laborioso de la microconstrucción de los procesos y sucesos que revela la cámara de P. Guzmán evidencia la historia como intriga narrativa, es decir, como el anudamiento de motivos en pugnas cuyas disputadas ilaciones tienen siempre la oportunidad de bifurcar en trayectos alternativos o divergentes, quebrando así la línea recta de los destinos programados desde el encuentro —vacilante— entre la ***determinación de los hechos*** y las ***elecciones de la conciencia***. En lugar de proceder a la simple notación cinematográfica de lo ya acontecido, la cámara de P. Guzmán se entromete en las potencialidades y disyuntivas de sentido que hacen de la contingencia histórica de cada acontecimiento una zona —nunca garantizada— de peligros e iniciativas.

La filmación del material en bruto de *La Batalla de Chile* —la gesta diaria de la Unidad Popular— no tenía plazo ni final acordados cuando su equipo de filmación decidió salir a la calle con la cámara sin un guión predefinido. Pese a que, en varias partes, este documental sobre la Unidad Popular insinúa como finales posibles del gobierno de S. Allende las amenazas latentes de la guerra civil y del golpe de Estado, el espectador vibra con la audacia con la que el filme le sigue el paso —sin miedo— a los acontecimientos diarios que se precipitan vertiginosamente

3. Dice P. Guzmán: "Yo llamo acontecimientos 'invisibles' a aquellos hechos que apenas alcanzan a verse. Por ejemplo, una huelga 'no estalla' de golpe sino que viene antecedida de muchas acciones que por regla general uno no filma. Con paciencia, si uno instala la cámara en un determinado lugar, sabiendo que es un lugar 'potencial' de acontecimientos, uno puede llegar a filmar los antecedentes o los pormenores ocultos de un determinado hecho que va a producirse después... Preferí seguir paso a paso unos acontecimientos seleccionados y mostrarlos paulatinamente en forma detallada, para atrapar así —en mayor número— estos momentos 'invisibles'". *Op. cit.*, p. 402.

en direcciones claramente no anticipables. La cámara se infiltra en las agudas contradicciones políticas que dividieron a la Unidad Popular entre la prudencia y el desenfreno, entre el cálculo y la impaciencia. Al inscribir esta dilemática cotidiana del gobierno de la Unidad Popular (gradualidad o reformismo contra radicalismo) en los forcejeos de la contienda diaria, *La Batalla de Chile* le restituye a la lucha prerrevolucionaria de los años setenta toda la dimensión de ansiedad y expectación que caracteriza la aventura de una historia siempre *a la espera*, en constante estado de inminencia.

Durante el año en que grabó cada día de este proceso revolucionario, la cámara de P. Guzmán se sumergió en la anarquía de los signos que caotizaba el cotidiano de la Unidad Popular, sin tratar de redimir los azares de la filmación bajo la guía de una secuencia coherente, dejando más bien que la incertidumbre diaria vibrara anhelante. En la fase posterior de su edición realizada fuera de Chile, una línea de tiempo atraviesa *La Batalla de Chile* reorganizando el material filmado a partir del bombardeo de La Moneda —comienzo y final de la película editada— para dotar retrospectivamente de sentido a los materiales de la actualidad en vivo que se habían grabado discontinuos, sin tener cómo presagiar el orden de sus encadenamientos futuros. En la versión final de *La Batalla de Chile*, la voz en *off* del narrador P. Guzmán enmarca y contextualiza la secuencia de imágenes grabadas en vivo leyendo "un texto simple —seco y breve—, que aporta datos e informaciones que ayudan a comprender mejor el filme".[4] Sin duda que la distancia de esta voz en *off* —su neutralidad objetivante— contrasta con el afiebrado relato sincrónico de la cámara que filmaba la historia desde la proximidad corporal del acontecimiento, subjetivamente involucrado en el transcurso de los hechos. Lo que explica sin duda este contraste de posiciones enunciativas en el armado total de la película es el hecho de que todo el trabajo de posproducción de la película —su montaje y edición— se realizó en el exilio varios años después de su filmación en Chile. Sólo alejándose —en el tiempo y en el espacio— de la accidentada trama de la Unidad Popular (cuya fuerza deseante empujaba los cambios

4. P. Guzmán citado en Jorge Rufinelli, *Patricio Guzmán*, Madrid, Cátedra, 2001, p. 402.

sin que ningún porvenir se diera nunca por cancelado), el autor parece haber podido resignarse al relato acabado de una historia de finales que contempla el golpe militar como cierre. Sin embargo, en la trilogía que arma la secuencia definitivamente editada de *La Batalla de Chile* para su circulación internacional, P. Guzmán no dejó que el final dramáticamente conclusivo de "El golpe de estado" tuviese la última palabra de la narración completa. El cineasta cambió intencionalmente el orden del trayecto entre lo filmado y lo editado, desordenando así la línea del tiempo de una historia que quiso volver irreversible su demostración del fracaso. El reordenamiento de la trilogía que arma la versión internacional de *La Batalla de Chile* alterna y bifurca los momentos de la historia: si bien la primera parte anuncia la interrupción del devenir utópico con las imágenes del golpe de Estado, la tercera parte hace retroceder el trágico desenlace que conoció la historia hacia el futuro anterior de los imaginarios de la revolución socialista autoorganizándose ("El poder popular"), para que sea este futuro anterior el que finaliza la secuencia dejándola virtualmente abierta. Por algo en *La Batalla de Chile* habían quedado inconclusos sus planos de acción, desafiando así cualquier puesta en secuencia finita de una historia acabada. El recurso de insubordinación cronológica montado por Guzmán en su edición del documental le permite a la imaginación crítica no dejarse derrotar por la historia fáctica del golpe militar de 1973. Gracias a la desobediencia de tiempos de la secuencia finalmente editada, *La Batalla de Chile* hace que la insumisa máquina corpórea de los tiempos de la Unidad Popular sigua disparando hoy una carga de aspiraciones y revueltas que ni el veredicto de la historia ya contada logra bloquear por completo.

## La historia contada: el archivo fotográfico del año 1973 del diario *El Mercurio*

Ya lo dijimos, los treinta años del golpe militar en Chile suscitaron una proliferación de imágenes en las que el recuerdo de 1973 adopta muy diversas composturas. *La Batalla de Chile*, de P. Guzmán, ofrece una realidad móvil —grabada por su cámara ubicua— que verbaliza excitadamente la toma de

***Imágenes 1973. Archivo histórico El Mercurio-Aguilar**, Santiago, 2003.*

conciencia desmistificadora de la burguesía que guía la marcha revolucionara de los años setenta. En el opuesto de esta realidad locuaz de una Unidad Popular multitudinariamente discursiva, nos topamos con un libro que recita una versión *muda* de la historia: el libro *Imágenes 1973. Archivo histórico El Mercurio*,[5] publicado en 2003, que reedita en un formato elegante las mismas fotos de prensa con las que este diario de la burguesía, *El Mercurio*, arremetía contra el pueblo en los años de su despiadada lucha contra la Unidad Popular: una lucha destinada a reconquistar el monopolio de la palabra que el gobierno de Salvador Allende había desplazado insurgentemente hacia la calle, la fábrica y la población.

La contraposición de lenguajes que se da entre *La Batalla de Chile*, de P. Guzmán, e *Imágenes 1973. Archivo histórico de El Mercurio* (ambos referidos al último año de la Unidad Popular y al golpe de Estado) refleja una primera diferencia de estatuto de los signos entre ambos materiales: el cine en un caso, la

5. *Imágenes 1973, Archivo histórico El Mercurio*, Santiago, El Mercurio-Aguilar, 2003.

fotografía en otro. En efecto, el tratamiento de la imagen en el cine la asocia —de por sí— a la captación fluyente de una duración temporal que inserta los acontecimientos como parte evolutiva de una dinámica histórica. Mientras tanto, la instantánea fotográfica interrumpe la duración del tiempo y segmenta la fluidez de su transcurso con el corte de una toma que congela el momento para inmovilizar el recuerdo. Vemos que si comparamos ambos materiales, *La Batalla de Chile* recrea los sobresaltos de una historia en acción y movimiento que se filma sin pausa, mientras que el álbum fotográfico de *El Mercurio* consigna estáticamente aquellas vistas que la cámara ha logrado aislar del torbellino revolucionario reencuadrándolas en la página como fotografías detenidas de un transcurrir paralizado. Tratándose de una época tan beligerante como la del año 1973, el recurso editorial con que el archivo histórico de *El Mercurio* paraliza las imágenes le da razón a S. Sontag cuando ella afirma que "las fotografías son un modo de apresar una realidad que se considera recalcitrante e inaccesible, de *imponerle fijeza*".[6] El índice del libro de imágenes de *El Mercurio* está dividido en capítulos ("Vida cotidiana", "Juventud", "Cultura y espectáculos", "Manifestaciones", "Vida política", "Gobierno", "El día 11", "Nuevo régimen"), y esta misma división temática parecería querer repertoriar fijamente la realidad demasiado confusa de una historia alborotada quitándole agilidad de movimientos. El índice del libro —diseñado por la editorial *El Mercurio*— trata de clasificar el desorden del año 1973, mientras que *La Batalla de Chile*, muy por el contrario, fusionaba todos los signos de época (vestimentas, poses y estilos) en la revoltura contagiosa de las imágenes de la revolución que sus actores vivían simultáneamente como proyecto existencial y como mito político-social.

El aceleramiento de la filmación de *La Batalla de Chile* exacerbaba el ritmo y las sacudidas de la historia sin miedo a dejarse arrastrar por su caos. Por el contrario, la inmovilidad de las fotos del libro sobre 1973 editadas por *El Mercurio* confiesa su temor pánico frente a los disturbios del sentido. La realidad bajo arresto fotográfico que entrega el libro se vuelve aún más inerte debido al silencio periodístico-editorial del blanco de la página que las rodea. Estas fotos de actualidad comparecen



6. Susan Sontag, *Sobre la fotografía*, Barcelona, Edhasa, 1981, p. 173.

ahora *sin habla*, verbalmente desconectadas del campo de referencialidad política e histórica de cuyos conflictos fueron partes activas y batallantes cuando el diario *El Mercurio* lideraba la campaña de la burguesía y el antiimperialismo en contra de la Unidad Popular.[7] Toda la propaganda que, durante el año 1973, movilizaba a estas fotos de prensa como armas de adoctrinamiento ideológico en las páginas del diario *El Mercurio* ha sido hábilmente desactivada en el libro de 2003 por el camuflaje editorial que abstrae y sustrae a las imágenes de su entorno periodístico de origen. Con motivo de los treinta años del golpe militar, la edición de este libro de imágenes a cargo de *El Mercurio* simula —desde la ***pasada en limpio*** de una historia entonces inaceptada que trata de volverse hoy aceptable— que su mirada sobre esa historia fotografiada con violencia y ahora sobriamente editada es una mirada imparcial.

Una foto de prensa no es sólo la imagen captada por el fotógrafo del diario, sino todo lo que la rodea (el artículo, la leyenda y el título circundantes), cuyas marcas subordinan la lectura al sistema de creencias y valores que defiende la tribuna de opinión del diario. Por algo, como dice R. Barthes, "nunca hay foto de prensa sin comentario escrito".[8] La empresa editorial *El Mercurio* que ha publicado este libro en 2003 borró de la puesta en escena de estas fotos de archivo todas las marcas connotativas de la funcionalidad propagandística que ellas cumplían cuando el diario *El Mercurio* operaba como trinchera antimarxista durante el gobierno de Salvador Allende. La macroestructura semántica de los encabezamientos de estas fotos incluían subtextos incendiarios: "Hordas marxistas en acción", "Colas de dos días para comprar carne", "La infamia comunista", "Al borde de la locura colectiva", "Fuerzas Armadas toman el control". Las

7. Como bien se sabe, desde la asunción misma de Salvador Allende, el diario *El Mercurio* se dedicó a formar opinión pública en contra de la institucionalidad del gobierno y de la persona de su presidente; a recibir el apoyo de Estados Unidos y los dineros de la CIA para que la oposición subversiva llevara el país a un clima de agitación que lo hiciera "ingobernable"; a sembrar una campaña del terror (caos social, fracaso económico, violencia extremista, odio de clase, tiranía marxista) que terminó llamando —solapadamente— a las Fuerzas Armadas a retomar el control del país.
8. Roland Barthes, "Le message photographique", en *L'obvie et l'obtus*, París-Éditions du Seuil, 1982, p. 10 ["El mensaje fotográfico", en *Lo obvio y lo obtuso*, Barcelona, Paidós, 1984].

fotos del libro son ahora de-vueltas —por esta reedición oportunistamente distanciada de los hechos— a una especie de grado cero de la enunciación marcada por el blanco silencioso de la página, que busca desintencionalizar la pauta comunicativa a través de la cual *El Mercurio* libraba su guerra a muerte contra la Unidad Popular. La publicación del libro rompe deliberadamente la conexión —hecha de conocimiento y aprendizajes— que sustenta cualquier operación de lectura visual entre lo que *se ve* y lo que se *sabe*, para fingir una pureza de los signos cuya trampa consiste en desacentuar políticamente la realidad. Los recursos estetizantes de la diagramación y el montaje sobre fondo blanco que rodean las fotos ahora "blanqueadas" terminan de limpiar sus imágenes de huelgas, desabastecimiento y barricadas, ocultando los prejuicios ideológicos que, en 1973, las llenaban de odiosidad política. La actual edición de estas fotos de archivo copia "el tono sereno, impersonal y algo distante" (Arturo Fontaine) con que *El Mercurio* defendía la "objetividad" de su visión histórica en los tiempos en que todo Chile sabía de la distorsión ideológica de su mirada. Las imágenes violentistas de 1973 lucen ahora —quietas— en el blanco depurado de la página editorial de un libro de salón que busca atraer una mirada contemplativa —antiparticipativa— sobre una historia falsamente desinteresada, que se cree ajena a cualquier motivación político-ideológica.

La publicación del libro *Imágenes 1973. Archivo histórico El Mercurio* contiene un prólogo del escritor Jorge Edwards que se hace tácitamente cómplice de este maquillaje editorial al simular una versión reposada de la historia de 1973. Edwards comienza por distanciarse de la época, subrayando la lejanía de un recuerdo que ya casi habría dejado de resonar en la memoria individual y colectiva: "todo es de antes, una prehistoria, [...] una historia que desapareció".[9] Además, J. Edwards insiste una y otra vez en el candor del tiempo histórico que retratan estas fotos de un país, según él, "ingenuo"; un país "en el que los personajes entendieron sólo a medias el drama en su profundidad [...] Las fotos hacen creer que nadie sospechaba nada [...] Todo anunciaba el golpe de Estado y casi nadie lo veía venir".[10] Pese a que este libro sobre el año 1973 junta en



9. Jorge Edwards, prólogo. *Op. cit.*, p. 11.

su interior las imágenes de dos tiempos antagónicos en constante enfrentamiento de voluntades y pasiones (la Unidad Popular y su contrarrevolución), J. Edwards afirma que el tiempo visual narrado por estas fotos es un tiempo "escaso de conciencia": un tiempo supuestamente distraído, inatento a la gravedad de los síntomas que delataban las incompatibilidades de la historia. Según su prólogo, 1973 no sería más que el accidente muy remoto (archipretérito) de una temporalidad fallida, sin conciencia de sí misma. Dice Edwards: "Si miramos estas fotos desde la distancia de la historia, a sabiendas de que pertenecen a una época de ruidos y furores que no significaban mucho, tenemos la posibilidad de doblar la página".[11] Tal como esta publicación de archivo de *El Mercurio* ha borrado de las fotos históricas de 1973 los indicios de culpabilidad que delataba la retórica ideológica del entorno periodístico de su primera edición, el prólogo de Edwards desdramatiza la memoria de los signos de la catástrofe que habitan las imágenes de ese tiempo al que el autor declara inocente. El prólogo de *Imágenes 1973. Archivo Histórico El Mercurio* comenta lo irreflexivo y desprevenido de una historia supuestamente inconsciente de los peligros que la acosaban, como un hábil recurso a la candidez de las imágenes para que los lectores de hoy puedan omitir con tranquilidad la responsabilidad crítica de tener que emitir un juicio político sobre el golpe militar treinta años después.

## El contratiempo crítico de la memoria

Sobran razones para desconfiar de la manipulación pública de las imágenes de la violencia que citan el pasado traumático, al ver cómo su compleja significación histórica llega a desgastarse en la banalidad de la repetición. Andreas Huyssen nos dice, sin embargo, que ya no es posible pensar socialmente en la temática ética y política del pasado "sin incluir las múltiples formas en que se vincula en la actualidad a la mercantilización y la espectacularización en películas, museos, docudramas, sitios

10. *Ibid.*
11. *Op. cit.*, p. 15.

de Internet, libros de fotografía, historietas, etc.".[12] El actual "'boom' de la memoria" (A. Huyssen), con el que las industrias culturales de la globalización capitalista reciclan una gran cantidad y variedad de pasados, sirve para disimular la evanescencia del recuerdo histórico que produce la inmaterialidad de las comunicaciones tecnológicas borrando sus texturas de experiencia. Pese a los riesgos de promiscuidad de los signos, A. Huyssen insiste en que la puesta en circulación informativa del recuerdo es necesaria para "mantener viva la memoria de un pasado traumático ante una esfera pública lo más amplia posible".[13] Pero el debate sobre la memoria sólo es útil si logramos descifrar las operaciones discursivas que arman las diferentes narrativas del pasado para demostrar que no todas las construcciones de la memoria valen lo mismo, ni que buscan interpelar a las subjetividades sociales para comprometerlas con las mismas políticas del recuerdo.

Mientras que el archivo fotográfico de *El Mercurio* deposita una mirada tranquilizadora sobre lo *ya contado* de una historia de 1973 que el libro consigna como ordenada y finita, la sintaxis discontinua de *La Batalla de Chile* desmonta la relación entre sucesos y comprensión para que *la historia contándose* mantenga el pasado expectante frente a las nuevas pasiones de sentido que resucitan una memoria en constante elucubración. Mientras que el libro publicado por *El Mercurio* quiere ocultar los modos de acción de los signos que —insidiosamente— urdieron a la historia como intriga, el documental de P. Guzmán muestra la realidad en constante reelaboración discursiva como si fuera un inagotable montaje del entendimiento que sigue barajando hipótesis aún inéditas. Mientras que el congelamiento del relato fotográfico que edita *El Mercurio* detiene la historia en una pose estática, *La Batalla de Chile* exalta una historia en trance cuyo precipitado de fuerzas vivas nunca sedimenta del todo. Mientras que las *Imágenes 1973* de *El Mercurio* domestican los signos bajo el orden clasificatorio del archivo, las disjunturas de planos de *La Batalla de Chile* son capaces de mantener intacto el sentido arriesgado de una contingencia

12. Andreas Huyssen, *En busca del futuro perdido, Cultura y memoria en tiempos de globalización*, México, Fondo de Cultura Económica, 2002, p. 25.
13. *Op. cit.*, p. 123.

rebelde al orden. Mientras que la editorialización neutra de *El Mercurio* quiere vaciar a la historia de las controversias y discrepancias sobre los posibles que entonces la imaginaban otra, la narración fluctuante de *La Batalla de Chile* mantiene sin suturar la brecha de insatisfacción entre lo real-consumado y lo imaginario-utópico.